精益制造014

物流管理

图解生产实务

図解　よくわかる物流のすべて

[日]角井亮一 著　刘波 译

人民东方出版传媒
People's Oriental Publishing & Media
东方出版社
The Oriental Press

目录

069 第 3 章　推动 "物流改善" 顺利进行的七个切入点

103 第 4 章　成功进行 "物流改革" 的六个着眼点

003

前言

　　物流是什么？"物流不只是一项简单的作业，更是一项支持企业成长壮大的功能"。 笔者在拙作《IT 物流 》中提出这一概念还是 2001 年前后的事。

　　岁月如梭，时间已经过去 6 年，企业经营赖以生存的客观环境发生了天翻地覆的变化，但笔者提出的"物流不只是作业，更是战略"的主张从来没有改变。 对企业而言，物流在企业活动中承担的功能相当于一条最重要的生命线，以物流之优劣区分企业未来发展的高下已经成为共识。

物流是一项战略

　　物流是商品的一个组成部分。 换句话讲，当在产品之上增加了物流价值时，产品才成为商品。

同一种产品，其物流途径不同，商品价值就会发生改变。

同一个品牌、同一种规格、同一款包装的绿茶饮料，在 24 小时便利店出售和在食品超市出售，其商品价值各不相同。

24 小时便利店全天候 24 小时营业，距离住宅区较近。食品超市通常到晚上 9 点左右停止对外营业，距离住宅区较远。 商品价值不同，价格自然不同。

因此，物流服务的方式不同，商品的附加值就会改变。

物流决定成败

与选手在拳击比赛中遭到重击的道理相同，在物流环节加大力度的企业和不作为的企业，其销售额和利润必有高下之分。

没有人愿意向缺货问题严重的企业订购产品。 当有人选择从这种企业进货时，如果连订购价格也没有优势，最后一定无人问津，结果企业只剩下削减利润（未来投资）一条出路。

物流现场人员是战斗在一线的英雄

企业战略再好，如果物流现场跟不上，这家企业必将落败。 物流现场是率先作为的企业。 现场执行力强的企业必将在物流环节赢得成功。

　　本书是在上述设想的基础上编著而成的一本物流入门书。 笔者在理论和实践两方面观点的基础上，从各个角度论述"物流的现状和未来"，小到个别课题，大到整体概况，均以方便读者理解为出发点来编写。

　　书中涉及一些笔者担任董事的 E-logit 股份有限公司的实际运作案例，全书是在公司全体员工的大力协助下才顺利付梓的。 本公司常年从事多品种小批量物流领域的专业咨询工作，旗下设置物流配送中心，因此笔者对书中涉及的相关内容很有自信。 值此机会，特向平日刻苦钻研和增加储备知识、对业务质量从不懈怠的企业员工表示感谢。

　　希望更多人能从本书汲取有用的知识，笔者将不胜荣幸。

角井亮一

2007 年 9 月

第 1 章
不可不知的 "物流" 基本中的基本

01　物流让生活更便利

　　没有 "物流"，我们将无法享受现在这样便捷的生活。
物流是社会必不可少的功能。

■ "物流" 是为人类提供丰富生活保障的幕后英雄

　　"物流" 与生活在今天的每一个人息息相关。 小到物流
一线、企划、系统，大到从事物流管理相关工作的人，物流和
生活中的每一个人都有关系。
　　举个例子，假设你新买了一件衣服。 这件衣服是什么地
方制造的？ 制造时所用的布料和原材料来自哪里？

毫无疑问，这些过程中都存在物流。

再想一想今天中午你吃的午餐。 其中有一份蔬菜沙拉，这份沙拉中使用的食材来自哪里？ 还有你就餐的餐厅，它是怎么建成的？

例如，蔬菜沙拉中的西红柿通过什么途径进入这家餐厅？ 假设这家餐厅坐落在日本东京，那么西红柿可能是前一天从东京紧邻的千叶县的某处农田采摘的，之后经当地农业协会下属的加工厂送往大田市场，批发商购买后送达这家餐厅。 接下来，你再看看同一份蔬菜沙拉中的莴苣和黄瓜。 与西红柿的来源不同，这些食材可能是从其他产地运来的。 餐桌上的每一样蔬菜分别经过不同的物流渠道在餐厅集中，直到最后成为一份蔬菜沙拉。

如果没有物流，我们无法买到海外生产的服饰，也无法吃到由各种丰富食材组成的料理。 从事物流工作的人就是为人们提供这种方便快捷生活的人，所以，物流具有重要的意义，它是一种理应受到人们感谢的职业。

■便利店由物流支持

很多人都有在便利店购物的习惯。 那么，你见过便利店货架上缺货的情况吗？

比如，你是否碰到过便利店货架上的茶饮料区或口香糖货架空空如也的时候？

便利店最怕的问题就是缺货。 为了防止缺货现象发生，

店方会提前对顾客在什么时间段购买什么商品等进行预测并
准备货品。 另外，店方还会通过高频率配送在断货前做好货
物入库工作。

在日本，连商品经营种类极其丰富的便利店也一样是物流
的恩赐物。 正因为店向顾客提供的物流服务质量高，才使"在
正确的时间，把正确的商品送到正确场所"的设想成为现实。

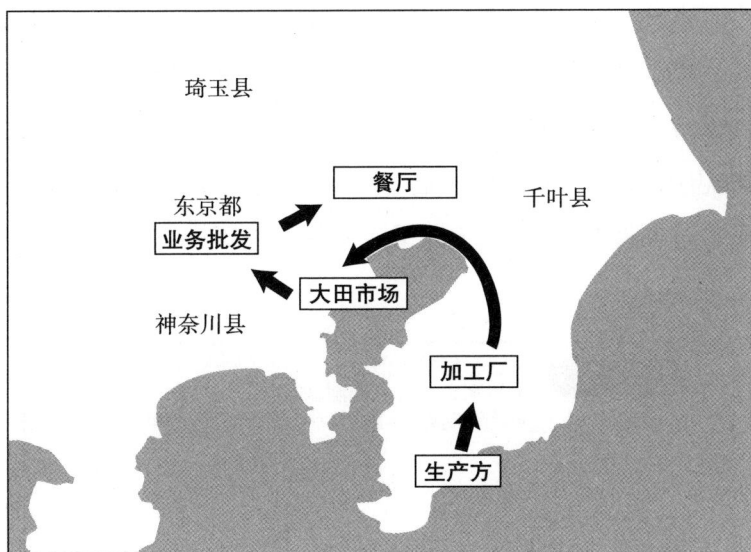

图 1-1　所有物品都通过物流运输

关键词　**大田市场**　由东京都建设的一家集蔬果、花卉、水产品
交易于一体的综合市场。其中，蔬果设施规模和交易量
均居日本国内第一。

02 物流促进社会发展

从物流观点看人们的日常生活，将进一步促进社会高效快速发展的实现。

■把超市的购物过程设想成"物流"

日常生活中可以用"物流"进行比喻的事物很多。

例如，某咖啡店拿到一份顾客点了一杯咖啡的订单，这也是物流的一种表现形式。从物流角度描述这个过程，就是咖啡店店员"接到订单（信息），加工水和咖啡豆（流通加工），将调制好的咖啡（商品）从厨房端到顾客的桌上（出库、配送）"。

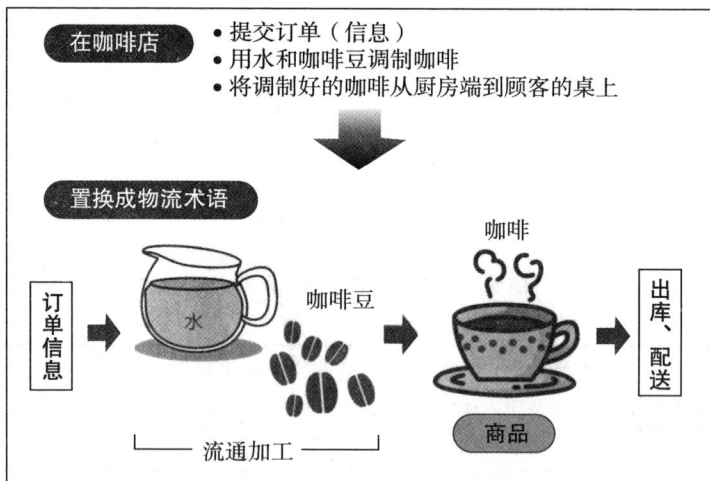

图 1-2 把一杯咖啡的订单置换成"物流术语"

另外，顾客在食品超市购物的过程也是同样的道理。 超市与顾客间产生"商品分拣和交易过程"，该过程可以用顾客拎着购物筐从超市货架上取下所需商品（分拣），然后去收银台支付（品检）进行比喻。 所谓"分拣"，就是分件拣选商品的意思。

无论咖啡店还是超市，店方都会为提高作业效率投入很多精力。 如果把店内摆放的桌子和货架置换成物流术语，就是"工序间的配置"。

加工区和出货区人员流动相对频繁，所以最好把它们设置在相邻区域。 如果场所在咖啡店，吧台无疑是最理想的区域。 店员在吧台里调制好咖啡后，可以直接递到顾客手中；还能在同一个位置接受顾客的订单；连结账也能一并完成。

■在热卖期间把热销品摆在显著的位置

在食品超市中，主打商品（即热卖品）的摆放位置应尽量选择超市的主通道。 为什么？ 因为顾客在通过超市的主通道时，就能大体购齐所需的全部商品。

食品超市的主打商品（热卖品）是生鲜三品，具体包括蔬果、鲜鱼、精肉三种，这些商品的购买频率最高。 人们每天都需要买蔬菜，但没有谁会每天购买胡椒或盐等调味料。

另外，店方还要考虑在一天中的什么时段，在收银台设置几名收银员的问题，这属于"人员配置计划"。 以一天、一周或一个月为单位对来店客流量（订单数）进行分析，根据客流变动决定增加或减少收银员的人数配置。

　　物流不能只考虑订单量，还应把订单项目和订单件数一并纳入统筹，同时还要确定员工配置人数。 即使在食品超市等门店中，除购物人数以外，店方还应考虑购买项目和购物件数等因素。 如果店方能准确预测上述信息并确定人员配置，就能增加企业收益。

> **关键词**　　**流通加工**　有打价签、贴价签/ 取价签等工作，现在还包括电脑组装等。日本有一种被称为"加工屋"的商家，这种地方专门从事流通加工。最近，一部分仓储企业也开始涉足这类业务。

03　用物流思维促进商业生产效率！

用物流思维分析企业运营可提高作业生产效率。

■营销活动和差旅费核算也是一种"物流"

　　与人们在超市购物或在咖啡店用餐是"物流"的一种表现形式相同，企业的运营活动也可以从物流的角度思考。

　　例如会计账务处理流程。 企业人员差旅费核算一般按以下几步进行，①在差旅费报销单上填写必填项目后上报②会计负责人审核单据内容③整理单据④取款后核对金额⑤支取款项。 这个过程与 ①填写订单后发出②审核内容③整理订单④拣选、品检⑤配送这些物流步骤和基本流程相同。

从宏观角度来看，生产工序、加工工序、销售也是一种物流。按这种方式思考，我们眼中的世界就会彻底发生变化。

例如，一天之中，一名销售员先后走访了 5 家客户。其活动过程等于是把货物送达 5 个地点（一次配送 5 处卸货），于是，他的行程安排发生了变化。与按照配送路线规划送货的货运车辆一样，如果这名销售员按今天拜访琦玉县客户，明天拜访涩谷周边和半藏门沿线客户的方式安排行程，他就能在不耽误时间的情况下依次与很多客户洽谈业务，而且各个客户之间的距离相对近，他省去了可能因为"迟到 15 分钟"而打电话向客户解释的必要。

■ 物流活跃在各个领域

近来，物流公司开始承接生产工序之类的业务。例如，电脑组装或定制等一些过去不属于物流处理范畴的业务，而现在，从电脑零部件组装、软件安装到用户登录，甚至连密码输入等工作，物流公司都有能力承接。

按上述思路分析，即使由物流公司代替进行销售也不奇怪。现实环境下已经有一部分物流公司在开展由配送司机兼职销售的业务。配送司机携带商品目录上门拜访客户，与客户见面时向对方说明产品内容。遇到疑问或有订单意向时代为咨询。实在回答不上来时，就把问题带回物流公司。

现在，似乎不管什么都与物流有关。当然这并不排除一部分自认为"我们公司与物流扯不上关系"的行业或个人，但是，在这个世界上与物流没有任何关系的企业或个人并不存在。 从物流专业人士的观点来看，无效或效率低的业务案例数不胜数。 连决定把复印机放在什么位置这样简单的事也一样。用物流专家的话来说，就是一个词——"举手之劳"。

　　基于上述认识，请你放眼看一看身边的世界。 我们生活在这个世界上，如果没有物流，不要说企业运营，就连日常生活也难以为继。 换句话讲，只有运用物流思维，企业才能高效运营，人们才能过上有意义的生活。

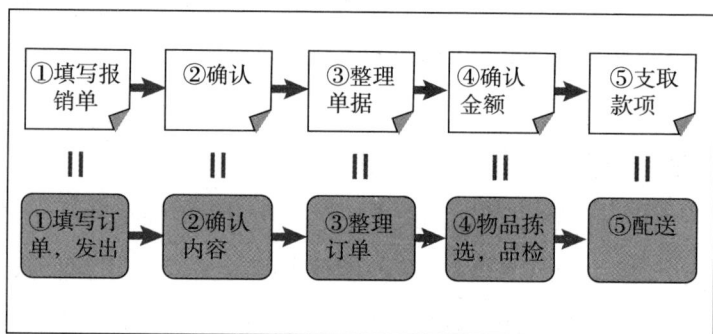

图1-3　交通费核算和物流步骤一样?

关键词　　**路线配送**　类似于便利店补足货物时的配送，是指一次性向多处场所配送货物的配送方法。在规定的星期和时间，以一定的顺序和路线进行配送。

04 商业与物流的关系

过去是"商物一体",现在正逐步向物流外包的"商物分离"模式转变。

■ 物流是商业成立的基础

没有物流,几乎任何企业都无法正常运营。 银行没有金钱物流,就无法开展业务;没有票证物流,保险公司就不可能成立。 物流的实质就是物的流通。 物物交换的时代有物流,今天的货币经济时代也一样。 企业向客户交付物品(商品或书籍)后,客户方进行确认,确认无误后支付款项。 直到这个阶段,交易才宣告正式成立。

反之,没有物流,交易就不成立。

■ 从商物一体到商物分离

近年来,商物一体已呈明显减少趋势。 过去,大部分企业一般采用自营模式,由企业内部员工进行包装后发货。 当时,企业销售人员接到订单后一般自主备货,然后把商品送达客户手中。

现在,日本国内既有负责全国货物配送的运输公司,也有从事保管、包装、配送的仓储公司。 这些物流公司不但差错率低,与企业自主配送相比,其耗费的成本也少,所以,从创业开始就把物流业务委托给专业物流公司承办的企业越来越多。

如上所述，当企业把物流业务委托给外部物流公司承办时被称为"商物分离"。 与此相对，沿袭传统运营模式，由企业内部员工承办物流时被称为"商物一体"。

过去，与将物流业务委托外部专业公司承办相比，由企业自营配送的可信度更高。 换句话讲，就是委托外包的物流公司可信度低。 但是，随着物流公司的整体水平提升，加之差错率低下，一些企业开始选择物流外包。

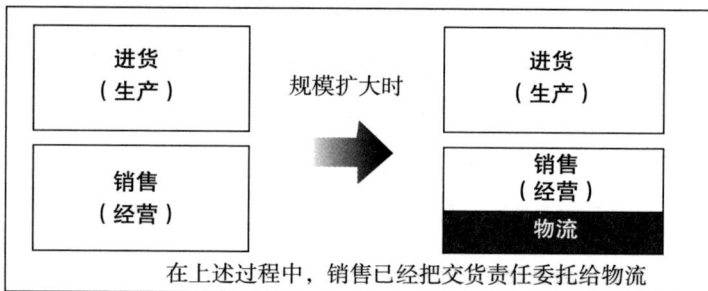

图 1-4 公司的主要职能

例如，大型邮购公司通常采用企业自营物流模式。 这是因为物流的运营难度高，无法放心把业务委托外部公司承办。 但近年来，邮购公司、网购公司以及综合邮购公司把物流业务委托外部专业公司承办的案例正在增加。 原因是行业中涌现出一批专业邮购物流公司，与之前相比，这些公司的物流技术能力也大大提升。

■ 把 QCD 中的 D 外包出去

QCD 这个词应该很多人都听过。 企业进行外包管理时需要相应的评价标准，这个标准使用的就是 QCD 三项指标。Q 是品质（Quality），C 是成本（Cost），D 是交付（Delivery）。 此外，采购、系统开发、项目管理中也用到这三项指标。

从商物一体向商物分离转变的过程中，企业销售的重要职能开始向物流公司转移。 这项职能就是遵守销售人员与客户约定的交付期（D）。 对销售人员来说，物流外包就是在顾客对己方配送的商品进行评价时，把可视的交付期环节的控制工作交给外部进行，以便于己方集中精力从事销售。

关键词   **外包管理**   除了对外包方是否按照协议约定生产商品进行确认外，还对其 QCD 水平是否持续提升进行管理。

05　物流的五大功能

物流具体包括运输配送、储存、装卸、流通加工、包装五大功能

■ 有了物流，才有便利店和家庭餐厅

笔者在大学授课的机会比较多，在课堂上，当提问学生

"你认为物流是什么"之类的问题时，大多数学生都答不上来。

为什么？因为当笔者提到物流一词时，学生们的脑海里很难产生具体的概念。

于是，笔者做出提示："你们知道宅配送吗？"这时，学生们才恍然大悟："哦，原来宅配送就是物流！"接下来，他们会自然而然地联想到大和运输或佐川急便，并认识到这些企业就是物流公司。

然后，笔者会进一步提问。例如"便利店的商品通过什么途径送到门店？""家庭餐厅里的食材来自哪里？"紧接着，就会听到一些"通过货车运送到门店的"的回答。由此可见，大多数人对物流还处于无意识或漠不关心的状态。

但是，当笔者让学生们认真思考这个问题时，他们开始逐渐认识到一点：如果没有物流，便利店和家庭餐厅就不存在。

大家都知道，有了配送货车，就要配备装载待运商品的场所。这个场所被称为物流中心或商品中心。

物流中心有大量库存品。一线员工的工作不外乎以下几种：取出商品后装箱，从到达的货车上卸货，再把商品一件一件摆放到储位上。

■ 输配送和库内作业

如上所述，物流大致分为两种。第一，由货运车辆等载体进行的"运输配送（运输）"；第二，在物流中心等场所进行的"库内作业"。

　　"库内作业"进一步分为四种，即储存、装卸、包装、流通加工。"储存"是确保商品在正确状态下的库存。"装卸"是商品处理作业。"流通加工"是在商品上贴标签和价签等有附加值的作业。

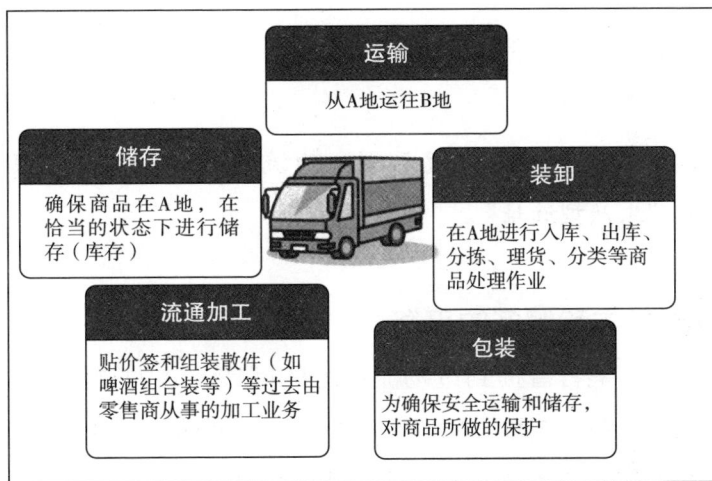

图 1-5　物流的五大功能

关键词

贴价签　流通加工过程中的贴价签作业除了把价签贴在商品上，还有贴标签作业。"贴标签"是在商品上贴印有商品价格的环形标签。

　　这些作业被统称为"物流的五大功能"，具体包括运输配送、储存、装卸、流通加工、包装五种。 其中，包装是从生产阶段衍生出来的功能。 一些生产企业下设包装中心或包装研究所，还有一些企业下设独立包装材料、包装方法研究实验中心。 但是，商品的流通阶段属于下游阶段，在这个阶段，除了散件商品装箱外，作业人员还应注意商品的外包装问题。

06　物流选址方法

根据生产和消费就近原则，物流选址包括"消费型选址"和"生产型选址"。

■ 成本和服务的平衡

过去，笔者曾提到过物流选址的问题，认为物流选址可以分为"消费型选址"和"生产型选址"两种。 为什么？ 因为随着现在物流网点撤销合并趋势的发展，配送企业网点密集，交付前置期缩短，位于消费型选址和生产型选址之间的中转站失去存在的意义。 于是，物流网点很自然地集中在"消费型选址"和"生产型选址"上。

你不妨开车出门兜兜风，就会发现沿途的仓库随处可见。 以日本关东地区为例，大多数仓库设在港湾区、内陆高速路出入口和机场附近等地。

企业决定这些选址的出发点是什么？ 有的企业从距离交

易方的物流中心近这一点出发考虑；本企业员工方便过去；
有的企业从便于快速运走进口物资这一点出发考虑，其出发
点各不相同。

但是，即使企业针对这些问题进行过讨论，也会额外考
虑成本与服务之间的平衡。 如果考虑的重点是仓库租金低，
在距离比较远的场所设置仓库网点，交付期就会延长。 反
之，如果考虑的重点是缩短交付期，在客流量大的场所设置
仓库，其租金费用就会增加。

"请马上把我订购的商品送来！"在顾客提出这类要求的
行业中，即使仓库租金费用高昂，企业也会考虑在距离买方
就近的场所设置物流网点。 道理很简单，如果商家答复"某
商品将于明天送到"，客户就会被其他竞争对手挖走。

反之，在"允许明天送货"的行业中，即使仓库选址远也
没有关系。 因为日本国内能够实现次日配送的覆盖区域很
广。 只要企业在东京或大阪等东海道沿线设有物流网点，一
般情况下都能保证送货到户。 但是，随着行业占有率增加，
企业若想进一步提升销售业绩，在全国范围内继续拓展业
务，还是建议在东京或大阪两地分别设置物流网点。

此外，企业还应关注库存问题。 企业的目标如果是减少
库存，首先应以实际订单量为准投入生产；其次应减少库存
网点。 这样一来，通常只能选择在距离生产地就近的场所
库存。

企业如果想从下文即将谈到的物流网的角度出发选址，

不但要考虑经销商方面的因素，还要考虑在供应商因素的基础上设置物流网点。但是这种方式很难行得通。为什么？因为从供应商到企业物流中心的运输成本和交付期由供应商说了算。换句话讲，供应商的成本和交付期挂钩。当然，进价中包含物流费用，但绝对不会出现"距离远就进价高"或"距离近就进价低"的情况。

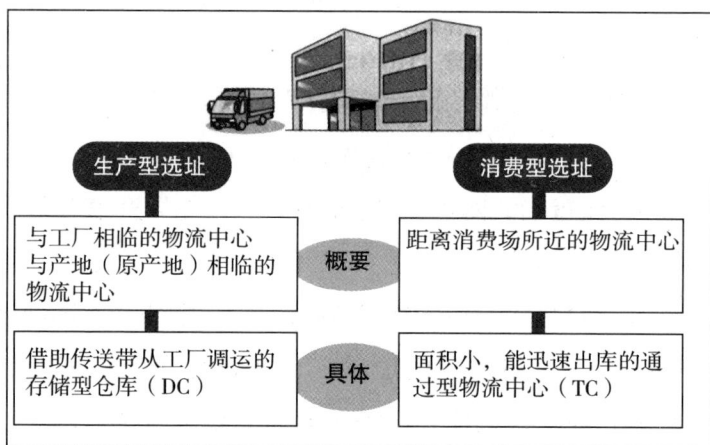

生产型选址		消费型选址
与工厂相临的物流中心 与产地（原产地）相临的物流中心	概要	距离消费场所近的物流中心
借助传送带从工厂调运的存储型仓库（DC）	具体	面积小，能迅速出库的通过型物流中心（TC）

图1-6　生产型选址和消费型选址

■ 生产型选址和消费型选址

"生产型选址"是与工厂临近的物流中心，或者邻近农场、养殖场等与产地相邻的物流中心，包括国际机场和设在港口附近卸货场所的仓库。

工厂通常采用大批量方式生产商品并负责这些商品的保

管。 保管过程中，即使距离工厂只有 500 米距离，也必须借助货车运输。 所以，如果经输送设备从工厂到指定搬运场所，在指定搬运场所设置存储型仓库（DC）无疑是最理想的方式。

另一方面，"消费型选址"是距离消费场所近的物流中心。 具体是指在食品超市、综合型超市或专卖店附近设置的物流中心。

对消费者来说，购买同一款商品有多种选择方式。 顾客既可以从便利店购买，也可以从超市、折扣店等购买。 因此，企业将同款商品从物流中心送达的目的地的案例也随之增多。 因为货运车辆一般从统一的物流中心出发，配送的目的地多达几十处，所以，远距离运输的效率并不高。 这就要求仓库选址应尽量设在距离配送方近的场所，但是，距离市中心近，仓库租金必然高，所以面积小的仓库更受到青睐，物资的保管量也越少越好。 另外，为了提前交货，物流中心应尽量减少库内作业时间。

综上所述，企业多倾向于选择通过型仓库（TC）。

关键词 　**成田机场** 　占据日本国内航空货运量七成的日本第一大机场，世界排名第五。包括海运在内的进出口总额均居日本第一（2006 年统计数据）。

07 物流网点的种类（DC 和 TC）

分为库存型 DC、入库后迅速出库的 TC、从事加工业务的 PC、退货中心等种类。

■ DC 和 TC

前面谈到了物流中心选址分为"生产型选址"和"消费型选址"两种。

虽然物流网点的种类不因选址而定，但是，我们仍然能从一定程度上看出物流网点种类的倾向。"生产型选址"一般属于存储型仓库（DC，Distribution Center），"消费型选址"多为通过型仓库（TC，Transfer Center）。 DC 和 TC 不独立存在，有些物流设施属于 DC ＋ TC 复合型。

以向连锁药店各店铺配送货物的物流网点（统一交货中心）为例，在这些物流网点中，几乎每天，一线作业人员都会收到各批发商发来的商品。 作业人员把这些商品装入折叠式集装箱后，按店铺分类，然后装到运往各目的地的货运车辆中。 这就是 TC 的功能。

但是，并不是所有商品每次都需要入库。 受低于最低订购量的拒收批次、批次间进价差、确保产品畅销以及交货所需时间等因素的影响，一般情况下，物流网点都有部分商品库存。 这些库存品多达数百项，这部分就属于 DC 的功能。

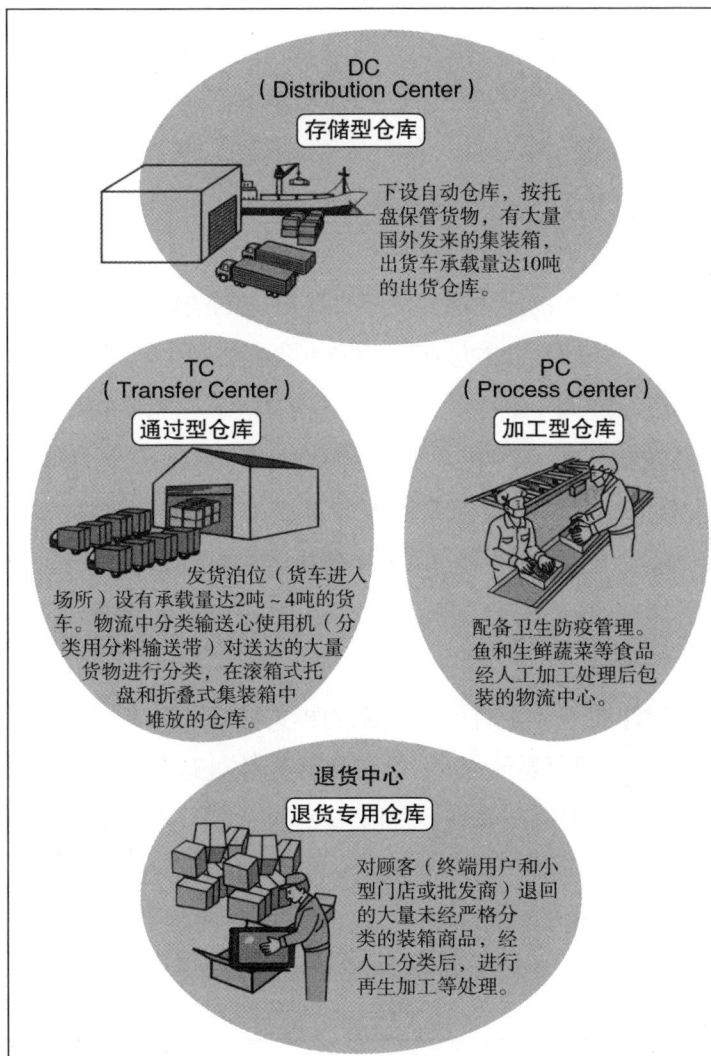

DC
（Distribution Center）

存储型仓库

下设自动仓库，按托盘保管货物，有大量国外发来的集装箱，出货车承载量达10吨的出货仓库。

TC
（Transfer Center）

通过型仓库

发货泊位（货车进入场所）设有承载量达2吨~4吨的货车。物流中分类输送心使用机（分类用分料输送带）对送达的大量货物进行分类，在滚箱式托盘和折叠式集装箱中堆放的仓库。

PC
（Process Center）

加工型仓库

配备卫生防疫管理。鱼和生鲜蔬菜等食品经人工加工处理后包装的物流中心。

退货中心

退货专用仓库

对顾客（终端用户和小型门店或批发商）退回的大量未经严格分类的装箱商品，经人工分类后，进行再生加工等处理。

图 1-7　仓库的类型

■ PC 和退货中心

除了 DC 和 TC，还有一种处理中心（PC，Process Center）。例如，在处理生鲜食品的 DC 并设处理中心。

去食品超市购物时，我们经常能看到一些被切成1/2份或1/4份出售的卷心菜。这些蔬果的块茎处有刀痕，有时还有人工挖过的痕迹。

这些都是在物流中心经人工加工处理的结果。一线员工从事这类加工处理作业的场所（功能）就是流通中心（PC）。

另外，还有一种称为退货中心的场所（功能）。在物资量相对较小的物流中心，退货作业不会单辟出一块区域进行。但是，在物资量相对较大的物流中心或退货件数多的企业，一般会配备独立仓库或者在物流中心辟出一块区域进行，这块区域被称为"退货中心"，相关负责人会分派专人在这里处理退货。

退货作业中除了对退件商品的相关信息（该商品从哪里退回？退回的原因是什么？）等进行数据化处理外，还会对接受退件是否正确等进行管理。此外，作业人员还会对退件污损的外包装（商品包装）进行更换，或者取下价签后重新利用等。

与 TC、DC 和 PC 相比，退货作业的难度最高。退件处理的好或不好将直接影响到不良库存发生率等因素的变化。

关键词 **退货中心** 退件处理与入库处理不同，其操作难度高，作业人员还需要具备专业技能。所以，企业应设置专门的退货中心。

08　固定物流和变动物流

固定物流是每日在低成本范围内对一定的物资量进行处理。
变动物流是在限定时间范围内对每日变动物资量进行处理。

■ 上游物流和下游物流

即使同一种物流，如果其思考方式和运作方式不同，也会发生差异。 为理解这一点，首先我们必须搞清或者说"固定物流"和"变动物流"各是什么。 这两个词是笔者自己创造出来的词汇，现在已经作为一般术语得到广泛使用。"固定物流是制造业的物流，变动物流是零售业的物流"，或者说"固定物流是上游物流，变动物流是下游物流"，这样解释或许更有助于读者理解。

上游物流奉行生产计划第一的原则。 企业按照生产计划从事日常生产，生产出来的商品被运往物流网点保管。 其主要目的是在最低的成本范围内维持稳定的日均产量，在此基础上组织物流并进行现场运营。 如图 1-8 所示，当物资量超过一定标准时，转入第二个营业日进行。 其目的在于维持稳定的日均产量。 这是一种在制造业中常见的物流模式。 但是，遵循传统物流模式运作的综合目录邮购公司等企业的所需时间（从接到订单到交付为止的期间）一般在 7~10 天，所以这些企业大多采用固定物流模式。

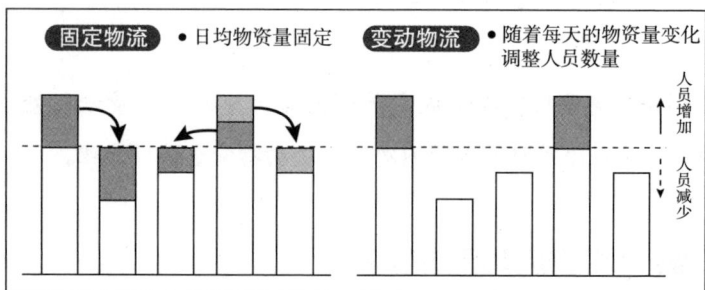

图 1-8　上游物流（固定物流）和下游物流（变动物流）

图 1-9　固定物流和变动物流的区别

　　固定物流的物资量相对稳定，特征是有助于节省劳动力，因此一般采用自动仓库和自动搬运机（传送带）等物流输送设备（以节省劳动力和人力成本为目的的物流设备）。

此外，固定物流的人员配置相对固定。固定费用部分多与成本削减相关，也是固定物流的特征之一。

■ 通过提高 P/A 比例应对

下游物流容易受到消费者购买力的影响，换句话讲，就是消费者掌握主导权。例如，加工食品在周六周日的销售量更大，所以周五的出货量大，订单一般在当天或前一天较晚的时候收到。店方应以在一定时间内处理的日均变动量为重点，在此基础上规划运营物流。

参见图 1-8：当工作人员接到本日出货指示时，为确保出货，应通过增加小时工、兼职工的比例（P/A 比例），调整人员配置等措施应对变化。

物流中心负责人的工作重点是根据物流负荷（出货量、进货量、加工等负荷）调整人员配置，其次是做好物资量的预测工作。

关于物流输送设备，相关人员应预先配置能发挥作业助力的机器。

> **关键词** **P/A 比例** 是小时工和兼职工的人员构成比例。其比例高低是判断物流中心有无控制低成本运营的要素之一。

第 2 章
掌握"战略物流"思路

09 战略物流思考和物流思考的区别

把物流视为企业战略的战略物流思考与把物流视为作业的物流思考两种观点相辅相成，缺一不可。

■ 掌握战略物流思考，在物流上下工夫

什么是物流思考？ 物流思考就是把物流当成一项操作，通过缩短、合并、减少操作工序提高物流业务的生产效率。

与此相对，什么是战略物流思考？ 战略物流思考就是把物流作为企业战略的构成要素之一，构建与企业战略匹配的物流战略。

具体地讲，如果想提高物流中心的入库作业效率，就要

采取制定操作规程、重新编制作业、变更配置等措施，这些措施就是物流思考。

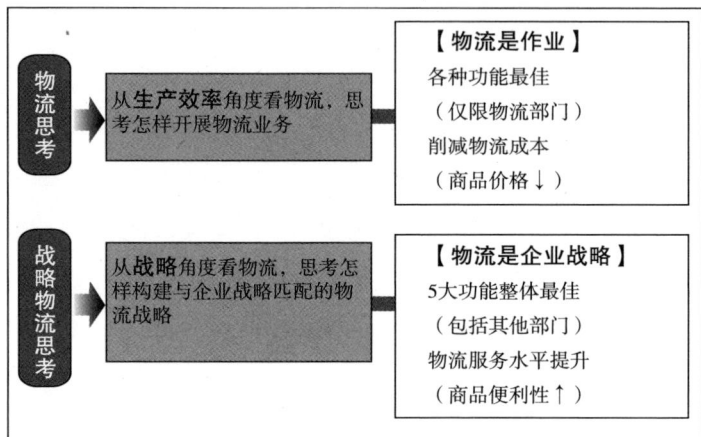

图2-1　物流思考和战略物流思考

另一方面，考虑到消费者对新鲜商品的需求，做出"撤除作为中间环节存在的物流中心"的决定就是战略物流思考。

也就是说，这两种设想的出发点完全不同。

每家企业都在努力削减物流成本，这一点毫无疑问。但是，有些企业把物流功能本身视为企业发展壮大的武器，有的企业仅仅把物流功能视为成本中心。这两种企业之间的差异很大。

实际上，只有重视物流，在物流环节上加大整治力度的企业才能不断发展壮大，跻身"成功企业"的行列。反之，那些轻视物流，对物流甚至生产一线漠不关心的企业大多沦

为 "失败企业"。

如果企业能认识到物流与商品价值和顾客满意度等因素
息息相关，就会在物流环节上加大整治力度。 用战略物流思
考的企业，往往能理解物流是促进企业发展壮大的 "金钥
匙"。

■ 物流思考当然也很重要

这里需要强调一点，请大家不要错误地认为 "物流等于
战略"。

物流必须在与企业战略匹配的基础上切实开展物流一线
的工作，此外，物流现场的日常改善活动也很重要。

但是，即使物流现场严格执行日常操作，开展各种改善
活动，努力降低成本，物流业务本身也必须具备企业为客户
提供的价值。 换句话讲，如果商品不符合顾客的期望，那么
一切都没有意义。

这个意义有或没有，企业必须从战略物流思考的立场出
发重新审度。

关键词　**顾客满意**　Customer Satisfaction 的直译。企业生产出来的
产品和提供的服务应以顾客满意为方针，这个问题与重
复购买、企业口碑以及企业发展相关。

10　战略物流的三层结构（战略、管理、作业）

物流是指实施物流作业，而战略物流包括物流设计和构建物流组织结构等。

■ 战略、战术、战斗，三者相辅相成

竞技体育分为战略、战术、战斗三个层次（layer）。运动员在思考怎样与对手展开较量时，首先应从一个团队的角度出发考虑怎样提高整体攻击力。在此基础上加强攻击训练。而提高这种攻击力的设想就是"战略"。

接下来，一旦与对手开始拉开比赛，就要决定采用什么队形，什么队形的攻击力高，让哪些队员上场……这就是"战术"。

"战斗"是指运动过程中的绝对强势等因素。

为了锻炼战斗力，运动员每天都会坚持训练，训练量大的体育选手会变得越来越强。但是，如果战术和战斗力配合不好，选手的特长就无法发挥。

企业运作也是相同的道理。即使生产出好的产品，如果销售力不足，宣传力度不够，缺乏正确配送物资的能力，再好的产品也卖不出去。

■ 物流作业追求持续性和高品质

物流是企业不可或缺的组成部分。 仅通过零售渠道不足以提高销售额，这一点和保险不负责送票证、银行 ATM 机无法使用是一个道理。 因此物流要有持续性。 企业把物流业务委托给外部专业公司承运时，应该对该公司的业务持续性做出评估。 物流公司的规模越大，这种持续性的倾向越强。

尽管物流作业必须具备持续性，但仅有持续性还不够，必须同时考察其物流服务品质。

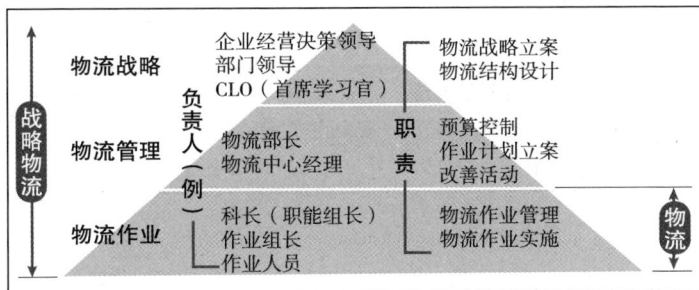

图 2-2　战略物流的三层结构

■ "战略物流"分为战略、管理、作业三个层次

在物流中，仅具备物流现场力和运营能力（操作能力）还不够。

还要围绕成本和品质等环节运用数据等对现场（物流作业）进行管理。 例如：物流现场主管需要根据预定物资量对确定的投放日期和实际作业情况进行比较，组织人员围绕下一次增加或减少展开讨论。 此外，物流中心经理需根据按原因分类的"月度破损量表"制定对策，组织改善；再根据"月度物流成本表"削减成本。 这些就是"物流管理"。

另一方面，为了促销商品，还要制定决定具体交付时间等的"物流战略"。 物流管理虽然不能控制交付期，但是，如果作为物流战略决定推迟交付期，物理管理也应遵循该方针改变指示，物流现场的作业方法也随之改变。

此外，物流服务是否由企业自营，根据配送批量等因素决定交易条件也属于该领域。 企业设定的物流战略不同，将对物流管理和物流作业产生巨大影响。

关键词 | **原因类别破损量** 导致商品发生破损的原因很多，例如物品掉落（摔落）、尖锐物扎破、运输中事故等。对这些破损商品的件数展开分析是减少破损量的第一步。

---

11 战略物流具有八大功能

在物流五大功能的基础上增加信息、管理、调整三项，合起来就是战略物流的八大功能。

■ 网罗四领域物流

"战略物流"是根据企业经营层面的目的，在执行物流设计和构建物流组织结构的"物流战略"之基础上，由负责预算控制和作业计划立案等工作的"物流管理"和实施物流作业本身和管理工作的"物流作业"构成的。 也就是说，战略物流由战略、战术、战斗三个层次构成。

从其他角度分析，供应链上的起点和终点之间存在一定距离。 物流不是单纯用于支持销售环节或生产环节的物流，它包括配送物流、生产物流、销售物流、回收物流（退货物流）四个领域。 从这些领域出发综合考量就是战略物流。

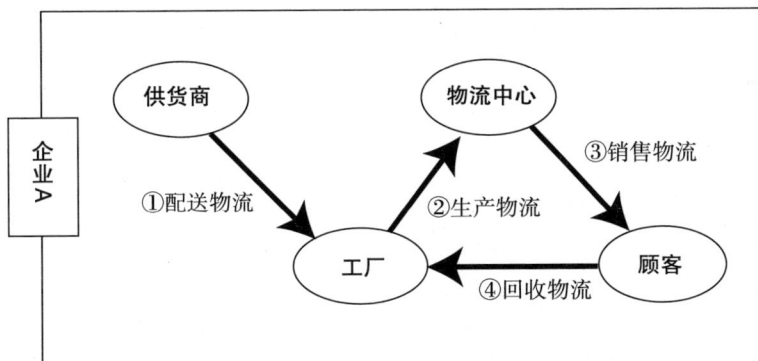

图 2-3　物流的四个领域

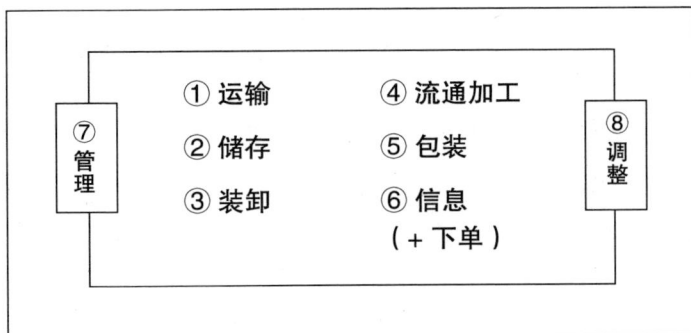

图 2-4　战略物流的八大功能（①~⑤是物流的五大功能）

031

此外，各功能之间也存在差异。这里所说的"功能"与物流五大功能（参照第 05 小节）的观点一致。

■ 思考物流五大功能的整体最佳配置

物流作业中所指的"物流"的功能包括：输送和配送（运输）、储存、装卸、流通加工、包装五大功能。对这五大功能逐个进行分析，追求各项的最佳配置就是"物流"。当"物流管理"发展到一定阶段时，就需要考虑五大功能的整体优化。

所谓"战略物流"，是把上述五大功能作为一个整体看待，追求整体的最佳配置。

在此基础上，增加包括信息系统和相关数据在内的"信息功能"；综合考虑物流五大功能整体最佳配置的"管理功能"；以及与制造、销售等其他部门之间进行调整的"调整功能"。

虽然"物流"只负责配送一个环节，但在"战略物流"中，物流部门不但可以从减少必需配送的立场出发向生产部门提出小批量生产建议；可以根据获得的一手零售信息要求生产部门进行需求预测；为了实现流通，还可以向生产部门提议采用二维码，督促各部门进行数据读取；另外，还可以跨越传统物流部门的范畴展开活动。

> **关键词**　**二维码**　与条形码的代表一维码相对，二维码的特征是按一定的规律在平面分布，信息量庞大。分为 QR 码、CP 码、Maxi 码等多种规格。难点是读码设备的售价高昂。

12　经营方针和物流方针的关系

企业销售收入增加时应追求提升物流服务，追求利润时应降低物流成本。

■ 商流变化，物流随之变化

商流变化，物流也随之变化。

什么是商流变化？ 举一个例子，过去主流瓶装水的规格是 250ml 装，后来改成 350ml 装，然后又改成 500ml 装的变化过程。 现在市场上还有 300ml 和 850ml 装规格。 随着这种变化的发展趋势，物流托盘的尺寸和自动仓库规格等外在条件都需要跟随时代的发展改变。

这种变化是企业在增加销售额的经营方针引领下，应对上述变化的结果。 其变化必然会对物流产生影响。

■ "朝日超爽"的发展和物流

关于朝日啤酒（Asahi Beer）重生的故事，相信很多读者都在杂志上看到或听到过。

当时，朝日啤酒的主打商品是朝日超爽（Asahi Super

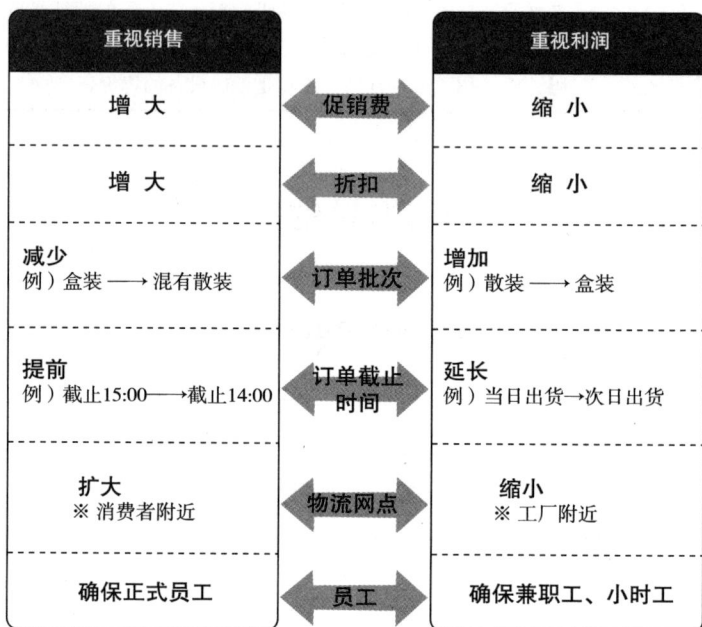

图 2-5　销售额扩大期和利润重视期的物流方针

Dry）啤酒。 厂家推出"入口爽快、自在畅饮"的宣传口号，以追求时代需求口感的啤酒为品牌商品力（商品力是企业通过产品质量、价格、设计、多样化等表现出的实力。——译者注），适时调整了企业销售策略。

与此同时，企业在物流环节推行"百万消费者试饮体验活动"和"鲜度交替管理"。

"百万消费者体验活动"是企业全体员工放弃节假日休息，向消费者免费派发 100 万罐迷你听装啤酒样品。 企业先把这种赠品啤酒发给全体员工，再由员工送到消费者手中。

"鲜度交替管理"的具体内容是啤酒自出厂 20 天之内发货，各销售门店的啤酒超过生产日期 4 个月以上，就回购后当场全部销毁。这样，企业就必须考虑出台配套的物流回收方案、跟进啤酒销毁作业。另外，啤酒出厂时的生产日期检验和先进先出原则落实等必然会对物流产生影响。

综上所述，企业的经营方针变化，物流方针也随之改变。

关键词　　**散装单位**　即单个包装单位。以糕点为例，24 块装的"糕点盒"内是 4 小盒玻璃纸包的"小包装"，这时便称每个小包装内有 6 块"散装"小糕点。

13　经济增长期，物流中心增加的原因

经济衰退期重点削减物流成本，经济增长期重点加大物流服务力度。

■ 重视销售额，还是重视利润？

企业的物流经营规模没有达到一定程度时，削减成本和提高服务水平二者不可能兼顾。削减成本和提高服务水平同样与企业的经营方针挂钩。这就涉及经营问题。

从企业层面思考经营方针时，一般从战略重心是销售还是利润两方面出发。如果能二者兼顾最好，但集中精力抓其中一个既便于理解，也有助于凝聚全员力量，目标更容易

实现。

■ 经济增长期和物流

当企业选择扩大销售额的经营方针时，其时代背景通常是经济增长期。 客观环境有利于增加销售量，所以，各企业都希望在这段时期扩大销售额。 此时，为了在市场竞争中胜出，企业不但会采用回扣、折扣等营销攻势，还会采取变更订单截止时间、降低订购批次等物流措施。

这样，客观环境变得有利于物流成本提升。 另外，为了提升面向顾客的物流服务水平，企业还会增设物流网点。

在这段时期，还会出现与价格因素相比，顾客对企业提供的服务相对满意的情况。"如果价格高一点儿没关系，只要您需要，我们能立即送货上门"，通过这种态势使顾客需求得到满足，从而与企业利润形成关联。

■ 经济衰退期和物流

另一方面，当企业选择追求利润的经营方针时，往往是市场低迷的经济回落期。 企业的销售额很难得到提升。 与其在扩大销售上投入促销经费，不如把重点放在利润和削减经费上。 例如，削减营销活动所需的促销费，减少生产运行天数，合并或废弃物流网点等。

在这段时期中，与服务相比，会出现顾客对价格因素更加敏感的情况。"如果送货时间迟一点没关系，我们能够提供低价商品",通过这种态势使顾客需求得到满足,从而与企业利润挂钩。

最近,有些生产厂家为了降低物流成本,向一些特定的连锁店提出交付期延后一天的要求。 这并不是单纯的延期交付,而是厂家在向对方提供抵消价格的基础上进行的交易活动。 结果显而易见,那些小型零售店接受了这个提案。

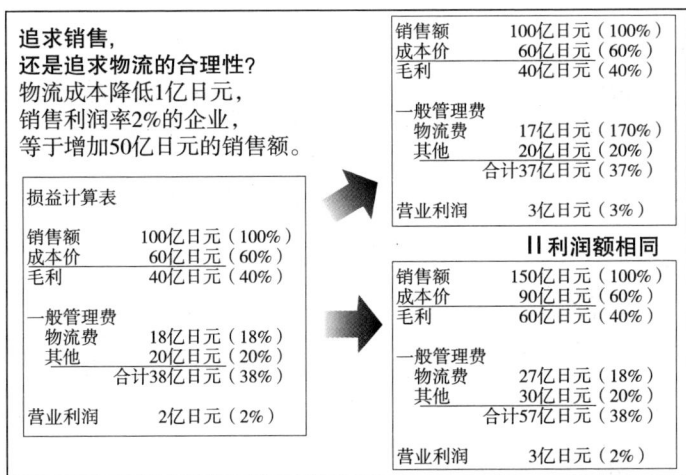

图 2-6　物流的乘数效应

> **关键词**
>
> **订单批量**　接到订单时的订购单位,有盒装单位和散装单位等。此外,还包括最低订购批量等内容。订单批量设定对外购成本影响很大。

14 市场营销和物流的关系

市场营销中的物流具有流通和运作便利的功能。

■ 从消费者的立场思考市场营销

"市场营销"是一门什么样的学问？ 说白了，就是研究怎样让消费者认知某种产品，对该产品产生兴趣？ 愿意接触并购买的学问。

学习市场营销学时，我们第一个接触的概念是一种被称之为"4P"的营销策划方案。 该方案由美国营销学家杰瑞·麦卡锡（Jerry McCarthy）教授在 1961 年提出的。 是对市场营销立案时，从产品（product）、价格（price）、渠道（place）、促销（promotion）四个方面出发进行的设想。

与 4P 相对的还有一种 4C。 了解 4C 的人还不多，但与从卖方的立场出发（上游、厂家）的 4P 相对，4C 是从消费者立场出发（下游，消费者）设计的营销策略。

二者在本质上没有改变，但是，从今天这个由消费者主导的时代角度来看，运用从消费者立场出发的 4C 策略思考问题可能更恰当。

■ 4C 是什么？

4C 包括以下四方面的内容。

①消费者价值（Consume Value←→Product）

即使制造方认为提供了性能优越的产品，也只有在消费者认可的情况下才构成产品价值。

②消费者成本（Customer Cost←→Price）

消费群体不同，对同一定价的感觉也不同。 小学生眼中的 1000 日元和成人眼中的 1000 日元价值等同吗？

③沟通（Communication←→Promotion）

即使销售方打出广告，如果没有传达给购买者，就没有任何意义。 企业必须以消费者为中心切实做好沟通和对话。

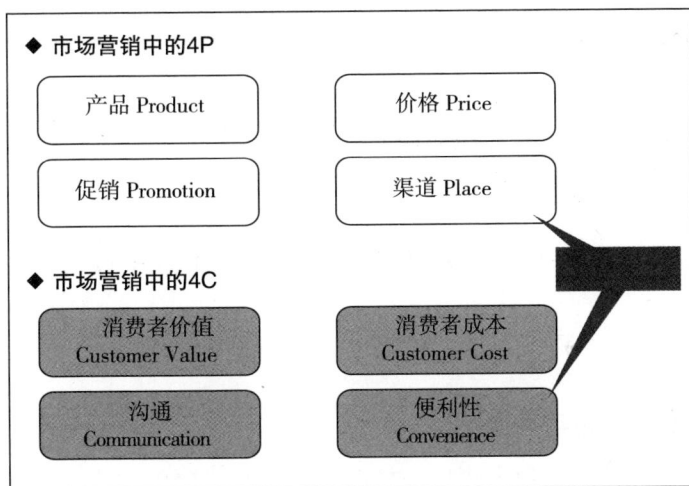

```
◆ 市场营销中的4P

  [ 产品 Product ]        [ 价格 Price ]

  [ 促销 Promotion ]      [ 渠道 Place ]

◆ 市场营销中的4C

  [ 消费者价值            [ 消费者成本
    Customer Value ]       Customer Cost ]

  [ 沟通                  [ 便利性
    Communication ]        Convenience ]
```

图 2-7　市场营销和物流改革

④便利性（Convenience←→Place）

即使商品经过流通环节送达零售店，如果门店周边没有需求群体，就不会产生购买机会。 企业必须考虑到顾客购物时的便利性。 你认为上述因素是不是更接近市场营销的本

039

质呢?

4P 和 4C 中与物流相关的因素是（Place，渠道）和（Convenience，便利性）。

为了运用这些理论构思市场营销战术，企业应致力于物流政策立案。

<table>
<tr>
<td>关键词</td>
<td>4C 由美国北卡罗来纳大学罗伯特·劳特朋（Robert F. Lauterborn）教授提出的概念。与日本"伊势丹"百货公司倡导的把"卖场"变成"买场"的顾客理念相通。</td>
</tr>
</table>

15 通过物流提高商品价值

"商品≒产品＋物流服务"，物流服务可以提高商品价值。

■ 产品与商品不同

市场营销方案与物流之间存在密不可分的关系，这一点相信很多人都理解。本节将从其他方面入手分析物流与市场营销之间的关系。

这里有一点值得关注：物流不同，会产生一个由顾客决定是否选择该商品的时间问题。

你知道产品与商品不同的道理吗？产品是生产物，商品是购买物。由于可能有人认为它们是同一种东西，所以，笔者下面要对这一点进行具体分析。

以圆珠笔为例，由生产厂家制造，能在纸上留下黑色笔迹的圆珠笔是一款产品。 另一方面，假设你在一家位于东京银座的名牌商店购买了一款电视上宣传的黑色圆珠笔，你购买的这支圆珠笔就是商品。

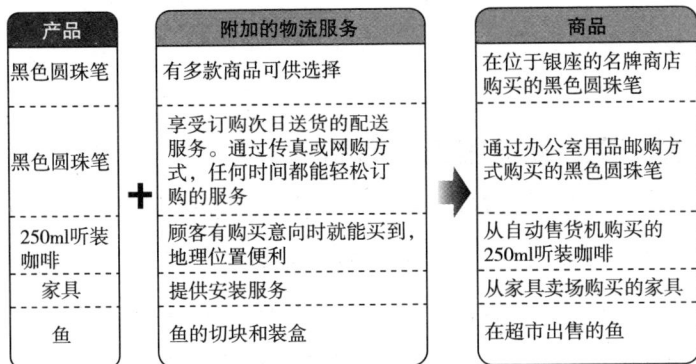

产品	附加的物流服务	商品
黑色圆珠笔	有多款商品可供选择	在位于银座的名牌商店购买的黑色圆珠笔
黑色圆珠笔	享受订购次日送货的配送服务。通过传真或网购方式，任何时间都能轻松订购的服务	通过办公室用品邮购方式购买的黑色圆珠笔
250ml听装咖啡	顾客有购买意向时就能买到，地理位置便利	从自动售货机购买的250ml听装咖啡
家具	提供安装服务	从家具卖场购买的家具
鱼	鱼的切块和装盒	在超市出售的鱼

图 2-8　产品和商品的区别是什么？

也就是说，产品是生产厂家的成果，商品是在产品的基础上增加 N 项服务。 这些服务如：提供方式（场所）、宣传、形象、价格等的结果。

进一步讲，假设你打算从多款圆珠笔中选择一款好用的笔，于是，抽空去银座买回一支黑色圆珠笔。 在这个过程中，你出于想实际试用一下的考虑，特意去了一趟名品店。当然你知道通过折扣店购买或邮购的购买价格更便宜，但考虑到实际试用的需求，还是亲自去了一趟实体店。 如果这家店没有你想购买的笔，你会转而购买另一款笔。

通过上述分析不难看出，"设置购物场所"是 4P 中的 Place，这属于物流的功能。

再举一个例子：500ml 瓶装的茶饮料是产品，而消费者在居民区附近的自动售货机购买的茶饮料是商品。所谓商品，就是在便利的场所这一条件上增加了附加值"便利性"的结果。

■ 产品+物流服务≒商品

笔者用"产品+物流服务≒商品"的方式进行了说明。

顾客在超市购买了一份金枪鱼生鱼片。这种商品是在一家物流中心或加工中心经过处理分割包装成盒的结果。

物流公司的业务范畴很广，比如组装邮购电脑、安装软件、修理召回的问题电视机产品等。只有这些作业被当成附加值加入产品后，产品才正式成为商品。

反过来讲，如果消费者通过邮购购买了一款商品，但负责配送的司机行为举止欠佳，那么这款商品的价值就会大打折扣。

如上所述，物流对于商品的影响很大。

关键词 **附加值 Added Value** 所谓"经过商流"，是指必须在产品上增加某种附加值。厂家把原材料制成产品后增加附加值。物流的运作方式决定产品附加值的大小。

16　绿色物流（Green Logistics）

绿色物流是符合循环型社会，环境负荷低的物流模式。

■ 静脉物流（Reverse Logistics，又称逆向物流）是什么？

物流包括生产物流、内部物流、销售物流和回收物流等形式。前三种被称为"动脉物流"，最后一种回收物流被称为"静脉物流"。两个术语是从"肌肉中承担血氧运输功能的血管是动脉，承担回收从氧气转化而来的二氧化碳功能的是静脉"这句话衍生出来的。

所谓静脉物流（Reverse Logistics），是指回收废弃物，把回收来的物资送回再利用的场所。这是一种以实施 3R（reduce，reuse，recycle）制造中的 Reuce（再次使用）和 Recycle（物品回收）为目的的物流。

如上所述，我们把减少环境负荷的物流称为绿色物流（Green Logistics）。

近年来，地球温室化效应日趋严重，二氧化碳减排活动被称为绿色物流。但是，减排二氧化碳其实只是绿色物流的目的之一。

在世界范围内第一个提出倡导二氧化碳减排的活动是在 1997 年 12 月 11 日于日本召开的"防止地球温室化"的京都会议（第三届气候变动框架公约缔约国会议，COP 3），在这届会议上通过了《京都议定书》。 日本在《京都议定书》中承诺的减排目标是：日本必须在 2008～2012 年间使二氧化碳等温室气体的排放量比 1990 年相比减少 6%。

■减排二氧化碳的对策

尽管想达到承诺的减排目标非常困难，但考虑到日本作为《京都议定书》决议时的议长国，为达成该目标，日本政府还是采取了多方面的措施。

这些措施的重点之一是制定节约能源法修正案。 该法案将工厂等设施一并纳入管理范畴，把节约能源列入企业的法律义务之中。

在物流方面，从客观上要求企业的配送方式从货运卡车改为二氧化碳排放量少的铁路或船舶运输——"运输形式转换"（Modal shift）；为减少货车排放的二氧化碳，要求企业以"引进低燃耗车"和配备"驾驶节能系统"（Eco-drive）为中心履行义务。 具体施策如下：确定特定的货主或特定运输业者，要求每年上报一次计划和报告。 企业未能完成目标时，必须阐述其理由并采取措施减少物流运营过程中的排放量。

这样一来，不仅物流企业，连发货方的合作也变得不可或缺。 因此，整个行业开始涌现出例如"绿色物流合作会议"等团体合作组织。

之后，由日本物流系统协会牵头发起一项名为"绿色物流管理士"的资格考试制度，以通过该考试为目的的各种绿色物流专家讲座和绿色物流基础班也先后开办。

由此可见，今后除了 3R 和减排二氧化碳外，倡导绿色物流将成为不可阻挡的趋势。

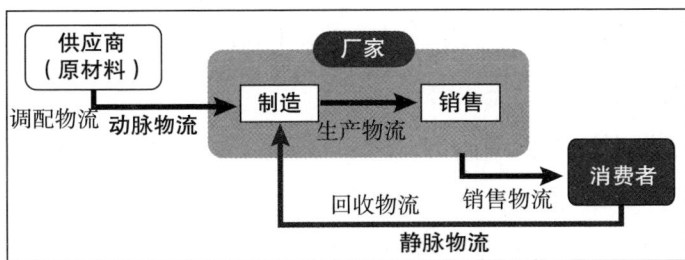

图 2-9　动脉物流和静脉物流

关键词　**特定货主**　日本经济产业大臣以全行业为对象，把企业活动过程中外包货运量（包括企业自行的运输量在内）达 3000 万吨以上的企业列为特定货主。

17　实现战略物流的组织

企业若想拥有具备战略物流思考能力的组织机构，就必须建立从一线工作分离出来的组织。

■ 战略物流部和物流部

笔者曾与某企业"IT 物流部"的工作人员见过面。席间向对方提出一个建议"以改变物流为目的的竞争",对方回答说首先希望改善企业的物流内容,准备分阶段打开竞争缺口,第一次竞争排除价格因素,只选择提案内容。

于是,笔者询问对方:"请问贵公司的 IT 物流部有几名员工?"当听到回答说只有 5 名成员时感到非常惊讶。为什么惊讶? 因为那是一家年销售额高达 1700 亿日元的企业,而且企业没有下属的物流子公司。

当笔者进一步询问时,才发现这家企业另外设有一个物流部门。

没错! 这家企业设有两个物流管理部门,一个是负责日常运作的物流部,另一个是从宏观角度把握物流动态的 IT 物流部。

■ 成为执行高层命令的组织!

一个实现战略物流的组织,是把企业高层的思路,即企业战略转化并落实到运作中去的体制。

一般情况下,物流部负责日常运作,每天都处于一种近似战争的忙碌状态。 即使上级下达任务让该部门重新部署物流网点,决策也不可能执行到位。 因为物流部根本没有时间从事现状分析或模拟分析等工作。 所以,企业需要另设一个像战略物流部这样从战略高度掌握部门运作的组织机构。

笔者曾受邀帮助一家位居行业第二的企业改善物流。 其间,该企业的常务董事说了一句话:"我们公司在这家物流中心投入 25 亿日元资金，您可以看看这个自动仓库。"

接下来，笔者在参观该物流中心的过程中，看到一个人忙着在终端上签发单证，于是随口问了一句："请问那位是物流部的部长吗？"听到笔者询问，陪同参观的常务董事一脸惊讶地回答："对，不过您是怎么知道的？"

原因很简单，笔者因受邀帮助多家企业改善物流环节，曾去过很多物流现场，上述判断是根据以往的经验做出的。

在上例中的物流部长手下工作，即使部门员工希望进行物流改革，现实情况下也行不通。为了避免产生歧义在此补充说明，问题不在物流部长身上，而是让物流部长在上述环境中工作的企业本身存在问题。

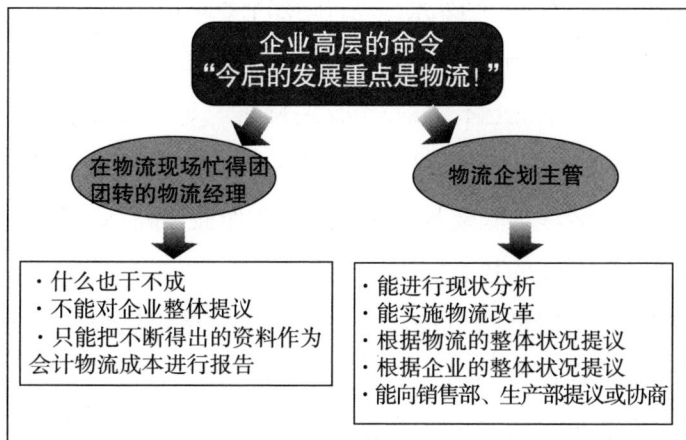

图 2-10 具备战略物流能力的组织和不具备该能力的组织

如果企业有改革物流的想法，那么构建一个具备战略物流思考能力的组织体制就是企业经营决策层应做的工作。

> **关键词**　**自动仓库**　用吊车从多层货架上搬运或装卸商品的机器设备。分别对应托盘、盒装箱等包装形式。优点是保管效率高，便于先进先出，节省人力等。

18　把物流战略落实到现场的方法

无论企业制定多么优秀的物流战略，不切实实施就没有意义。

■ 销售战略、物流战略和物流现场的同步化

如果物流现场不能很好地发挥作用，企业就无法维持。"索赔"、"销售额上不去"、"流失顾客"等问题此起彼伏。反之，如果物流现场运作正常，企业的运营能力就会得到提升，低成本运营（低成本运作）和优质作业（高品质运营）也会处于良性循环的状态。

物流能力也是销售能力。即使说这种销售能力与物流现场关联也不为过。

无论是企业新推出的商品还是传统商品，是商品就需要相应的营销策略。这种营销战略与物流战略之间当然没有分歧，营销战略和物流现场的运作也不允许有分歧。

东京涩谷区有一家颇有知名度的制鞋厂，该厂在灵活运

用品牌知名度和消费者认知度的基础上考虑进军服装业，但
是物流方对这件事并不知情，直到三天前突然经集装箱运来
一批商品时才得到消息，请你设想接下来会发生什么？

即使物流中心腾出场所和人员，设法使已经运达的商品
入库，也必然需要面对验货难的尴尬境地。 进一步讲，即使
接到订单也发不了货。

而且，如果服装厂家还想满足"装在漂亮的透明包装盒
里销售，包装盒会分开另送"的条件，设想物流中心该怎么
办⋯⋯

尽管这个例子是虚构的，但是现实中一定有企业碰到过
类似的情况。

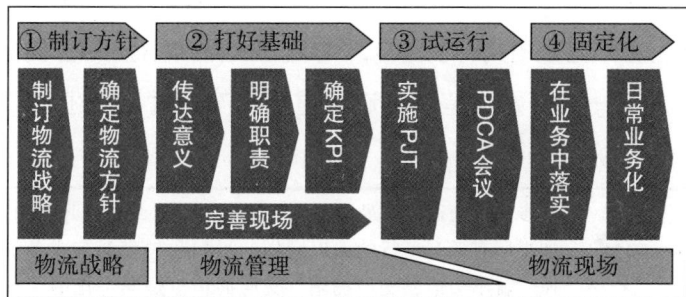

图 2-11　落实战略的四个阶段

■ 把战略落实到现场

如果战略不能落实到现场，就不会实现，更不存在战略
角度的意义。 直到实现的一刻，战略才开始发挥作用。

落实战略有以下几种方法。

从大的方面来说，分为 ①制订方针②打好基础③试运行④固定化四个阶段。 各个阶段都有相应的实施步骤。

①制订方针。是决定物流战略，展开方针。

②打好基础。是向员工灌输工作的意义，明确个人职责，根据方针决定 KPI（关键绩效指标，Key Performance Indicator），构建人性化的工作环境。

③试运行。在战略和方针的基础上设定 KPI，为优化该数值确立改善项目（PJT），召开 PDCA（计划→执行→确认→改良）会议。

④固定化。把项目中确定的"怎样实施效果更好"的内容落实到业务中，使之成为日常性的业务。

通过实施上述系列措施，物流战略就能彻底落实到现场。 从下一节开始，笔者将选取重要的部分进行阐述。

关键词 **同步化** 交通堵塞最初是从有人刹车，有人加速开始的。如果所有驾车出行的人以同样的时间和频率刹车或者加速，就不会造成交通拥堵。交通拥堵也是同步化的一种表现。

---

19 落实①制订方针

确定物流方针，在现场中贯彻落实。 一旦发生异常事态，这种方针就是一线执行力。

■ 物流方针是什么？

为了在现场落实物流战略，分为①制订方针②打好基础③试运行④固定化几个阶段。 下面先从第一阶段制订方针开始说明。

制订方针分为制订物流战略和决定物流方针两步。 关于物流战略的制定，由于相关内容庞杂，这里暂时搁置，先针对物流方针的决定进行说明。

物流方针是什么？ 它是一种"当人们在面对以前从未经历过的事不知道怎么办好时，作为判断基准的思考方法"。

为什么需要物流方针？ 因为如果一线员工不知道"应该在什么事情上全力以赴"，"应该优先处理什么"时，物流现场就会发生混乱。

举个例子，你的面前有两个衡量标准，一个是速度优先，一个是质量优先。 当你必须从中选择一项时，你必须把它作为物流方针告诉他人。

这种标准和设想应该在现场得到贯彻落实，你的传达是否到位将决定这个物流现场的执行力。

■ 方针会产生什么

虽然这个话题不属于物流范畴，但是，笔者想在这里举一个简单易懂的例子。 以汽车生产厂商为例。 某汽车厂商

051

坚持认为"一旦有问题，必须立即停产"，另一家汽车厂商则认为"不行，无论如何不能停产"。 请问二者之间的差异在哪儿？ 这个问题归根结底在于企业的经营方针是重视品质还是重视成本。

- **重视收货方**
  ➡ "重视收货方"的企业方针渗透的结果，使一些企业的货运司机待人接物的行为举止和礼节有所改善。
- **终端消费者至上原则**
- **安全第一，经营第二**
- **服务优先**
- **彻底完善环境**
- **服务率93%，库存每月周转两次等**

图 2-12　物流方针示例

"停产会导致企业损失，所以绝对不能停产"，发表这种看法的企业在发现异常时会采取什么行动呢？ 员工很可能对问题视而不见。 另一方面，前一种工厂一旦发现问题会立刻停产，并尽最大努力尽快解决问题。

我们知道，前一种企业生产出来的是质量上乘的汽车。从车主的角度来看，当然首选故障少，持久耐用的汽车厂商。

物流的道理也一样。 一些宅配送公司奉行的方针是"安全第一，经营第二"。 这种方针的实质是"即使想在销售上加大力度，如果在安全面有可能发生问题就不要接订单"。

这种企业的"事故率"当然很低。 因为在物流方针渗透的基础上，配送公司会努力使事故降低为零。

关键词　**完善环境**　指完善劳动环境。为了构建人性化的工作环境，除实施 3S（整理、整顿、清扫）以外，还包括营造遵守时间规定的企业文化等内容。

20　落实②打好基础——传达意义

向员工传达工作的意义非常重要。 传达的方式多种多样，但一定要多管齐下，反复进行，并加大向员工传达意义的力度。

■ 为什么我在从事这项工作？

方针制定后，第二阶段是打好基础。

打好基础是向员工灌输工作的意义，明确每个人的职责，根据方针决定 KPI（关键绩效指标，Key Performance Indicator），与此同时构建人性化工作环境的一个阶段。

前后两个阶段都很重要，但最重要的是让员工理解工作的意义。 另外，还有一个重要同时也是最难的部分，这就是让全员理解"为什么我在从事这项工作"的内涵。 这是一项需要付出极大心血和耐性的工作。

■ 传达工作意义的诀窍

虽然这项工作很难，但绝不能放松这件让员工了解各人所承担的工作意义的事。因为如果员工不知道自己所从事的工作意义，工作就会陷入一片混乱。

例如，如果一线员工不理解包装的意义是什么，作业就会变得凌乱不堪。包装是什么？传达者首先应从字面意义上进行解释，包装就是"为了避免货物发生损坏，使用缓冲材料进行包装"的意思。

但是，这样解释还不够。传达者还需要进一步做出说明："如果货物包装不充分，物品就会发生损坏，客户就会向我们索赔"；"如果物品发生损坏，会进一步影响宅配送货车中的其他商品"；或者"假设你收到一件外包装又脏又差的商品，你会高兴吗？"等等，对员工开展培训时不能只使用教科书式死板教条的说教式语言，传达者应该采用更具体的描述来传达。

培训方法是有窍门的，常用的如积极的表达方式、消极的表达方式、置换表达等。

表达方式因人而异，有的人善于用积极的表达方式鼓舞人心，有的人善用消极的表达影响其他人，也有的人善于用换位式表达激励别人。

反过来讲，根据人的不同，有愿意接受积极影响的人，有愿意接受消极影响的人，还有愿意通过换位来接受影响的人。

表述方式不限于一种，传达者可以综合运用多种表达方式去讲，但要注意反复多次。

此外，除了表达方法，主讲人还要在灌输方式上下工
夫。 培训方式分为"口述"、"笔写"、"阅读"等方法。 从
信息接受者的立场来讲，就是"听"、"读"、"看"。

除了利用开晨会的时间让员工听，还可以通过在黑板上
写的方式让员工读，或者组织员工收看录像，这些都是传达
中不可或缺的方法。

"工作的意义"传达例①　拣货员

积极表达："只要你正确地进行分拣，收货方就
会满意"
消极表达："如果你分拣错误，就会给收货方造
成困扰"
换位表达："如果你是收货方，你会高兴吗？"

"工作的意义"传达例②　管理者

"你的工作就是避免让下属干没有意义的工
作。每发生一件错误，就等于让下属干了一
件没有意义的工作"

图 2-13　如果不理解工作的意义，工作就会陷入混乱

21 落实②打好基础——明确职责

不明确职责，人们工作起来就没有干劲儿。 为明确职责，应制作组织结构图，召开例会，确定报告对象。

■ 如果职责不明确·····

除了向员工灌输工作的意义，在打好基础的阶段还需要明确职责，但是，现实情况下确实发生过在明确职责方面不到位的案例。

例如，物流中心主管的职责不明确的实际案例很多。

物流中心主管日常从事"发行票证"、"配车业务"等的情况比较常见，原因是其具体职责不明确。 既然企业指定某人担任物流中心主管，赋予其相应的待遇和职位，这个人理应具备相应的能力和实力，但实际情况却是他每天从事的工作不外乎"发行票证"和"配车业务"。

在担任物流中心主管之前，这个人应该在前物流中心主管的手下做过一些辅助性的事务。 那时，他一定按照前主管的授意从事过相关工作。 当正式接手物流中心主管时，他就会发现与之前相比，总公司下达的任务量和得到的指导大大减少，而且指导的内容并不具体，只是一些大体的方向性的指示。

于是，他开始回忆以前辅助前物流中心主管时接到的指导，在脑海里构思作为一个主管应该怎样考虑问题。 但是，他不可能想起所有的细节。 从领导的立场来说能够明白，但下属眼中看不到的工作还有很多。 这些工作在他之前辅助前主管工作时也不可能知道。

因为他不清楚自己该干什么，而下属又忙得一团糟，于是，只能亲自上阵帮忙。 长此以往，最后他竟然干起了下属的工作。

因为物流中心主管不清楚自己该干什么，所以他的工作热情提不起来。 一个人如果不清楚自己该做什么，他就会感到茫然，甚至连每天去单位干什么也不知道。

管理者不是从事一线工作的人。 而是让工作维持良性运转，进行调整和指导的人。 身为一个管理者，不能只表扬而不批评；发现问题时必须指出错误。 旁观者清当局者迷，一线作业人员眼中看不到的工作很多。 身为一个管理者，你必须向他指出问题所在。

■ 为了明确职责

激励机制成效低下的企业有以下几个特征："员工职责不明确"、"工作进度未经确认"、"报告商议不频繁（沟通少）"等。 只有职责明确，工作进度明确，作业人员才知道该做什么。

明确由谁具体承担什么职责的方法有三点。

① 制订组织结构图（尽量避免兼任）

② 召开例行会议（明确会议主题、日期、参加人员、会议内容）

③ 确定出现问题时上报的责任人

先确定这三点，再确定图 2-14 中的内容。

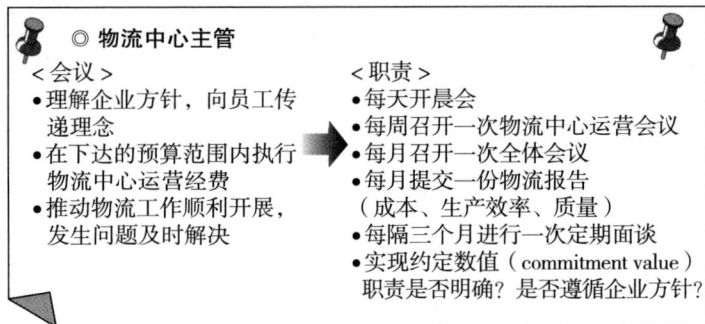

◎ 物流中心主管

＜会议＞
● 理解企业方针，向员工传递理念
● 在下达的预算范围内执行物流中心运营经费
● 推动物流工作顺利开展，发生问题及时解决

＜职责＞
● 每天开晨会
● 每周召开一次物流中心运营会议
● 每月召开一次全体会议
● 每月提交一份物流报告（成本、生产效率、质量）
● 每隔三个月进行一次定期面谈
● 实现约定数值（commitment value）职责是否明确？是否遵循企业方针？

图 2-14　物流业务的职务分掌规程（示例）

关键词 **激励机制**　工作热情度低的人与自主工作的人之间的差别由企业是否设置激励约束机制而定（与工作能力无关）。提升激励机制是企业和领导面对的永恒命题。

22 落实②打好基础——确定 KPI

KPI 因战略和方针不同而不同。 企业选择什么指标，其
优先顺序不同，KPI 也随之改变。

■ 战略和方针不同，KPI 也随之改变

笔者曾经听过这样的询问："请问贵公司推荐的物流 KPI
是什么？""请问能买一份贵公司的物流 KPI 目录吗？"

但是，一旦明白 KPI 的本质是什么，对方就会发现向不了解
企业状况的咨询顾问咨询或者购买 KPI 是多么不着边际的做法。

什么是 KPI？ KPI 是在遵循企业物流战略和物流方针的
基础上贯彻落实的"绩效指标（关键绩效指标）"。 例如，如
果企业奉行质量至上，索赔量和误出货量就是 KPI。

KPI 指标因企业的物流战略和物流方针、选择什么作为指
标的不同而不同。 所以，上述案例中试图从其他人身上借鉴
经验或向外方企业购买 KPI 的做法是错误的。

■ 各种 KPI 和选择

在战略和方针基础上制作的 KPI 究竟是什么？ 这是一种
按年度、月度、周、日等不同时间段进行分析的指标。

某计算机制造厂的人在参加研讨会的过程中说道："我们
公司的 KPI 指标有 2000 多种"。 如此庞大的种类，当然不可
能交给一个人来看，或者说一个人根本不可能看完全部内

容。所以，物流主管应从中挑选几个重点项目来看。

物流是成本中心，所以应选择性地浏览成本项。即使只有成本一项，看的方法也有很多，比如，绝对金额、销售额比例、包装单位、发货件数等具体项目。物流思路不同，选择哪个项目也会随之改变。

涉及企业方针时，如果想了解速度一项，可以选择性地浏览"从接受订单→交货的交付前置期"这个细项。再进一步，还有"从接受订单→交付指令的前置期"，"从发货指令→出库为止的前置期"等具体项目。

如果想了解交付商品的品质，可以选择性地浏览"误出货量（率）"、"破损数（率）"、"污损数（率）"等细项。如果想了解交货处理情况，可以浏览"收货方索赔数"、"出货时间遵守率"等项目。

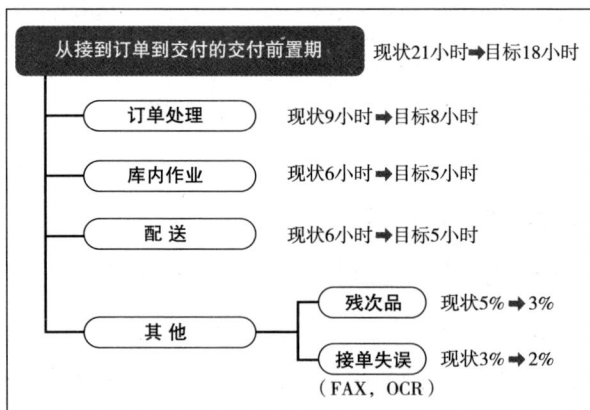

```
┌──────────────────────────────────────────────┐
│ ┌────────────────────────────┐                │
│ │ 从接到订单到交付的交付前置期 │  现状21小时➡目标18小时 │
│ └────────────────────────────┘                │
│   ┌──────────┐                                 │
│  ─│ 订单处理 │   现状9小时 ➡目标8小时            │
│   └──────────┘                                 │
│   ┌──────────┐                                 │
│  ─│ 库内作业 │   现状6小时 ➡目标5小时            │
│   └──────────┘                                 │
│   ┌──────────┐                                 │
│  ─│ 配 送   │   现状6小时 ➡目标5小时            │
│   └──────────┘                                 │
│               ┌──────────┐                     │
│              ─│ 残次品   │ 现状5% ➡ 3%         │
│   ┌──────────┐└──────────┘                     │
│  ─│ 其 他   │ ┌──────────┐                     │
│   └──────────┘─│ 接单失误 │ 现状3% ➡ 2%        │
│               └──────────┘                     │
│               （FAX，OCR）                      │
└──────────────────────────────────────────────┘
```

图2-15 KPI示例（缩短交付前置期）

如果想了解库存量时，可以浏览"库存周转量"、"Z 商品（3 个月期间未周转商品）量"等具体项目。

如上所述，思路不同，想了解的内容不同，标准指标也不同。 另外，所浏览的顺序不同，多项指标也会随之改变。

> **关键词**　KPI（Key Performance Indicator）　关键绩效指标，以监管业务流程为目的的指标。通过浏览该指标，可以进行相关评价改善活动。

23　落实③试运行——PDCA 会议

进行项目运营时，应定期重复召开"计划→实施→评价→改善"的 PDCA 会议。

■ 运用 PDCA 循环实施项目

在物流方针的基础上制作 KPI 的阶段，改变物流现场的根基正式形成。 下一步开始实施物流改善项目和物流改革项目。 项目名称应与"减少库存"、"提高生产效率"、"误分拣"相关。

创建该项目的方法参见下一章的"构建物流改善项目"一节。

为使项目取得成功，应确保"目标明确"、"积极肯干的成员组成"、"可靠的外部支援体制"，此外没有其他方法。

在运营项目的过程中，必须切实执行 PDCA 循环和效果监测。

为此应定期召开 PDCA 会议。只要会议内容无误，会议名称叫"例会"或其他什么都没有关系。该会议应以项目启动为目的，在此基础上考量方案，进行验证，探讨是否为最佳候选方案。

换句话讲，PDCA 会议是以深化物流方针为目的，在此基础上考量方案，从中找出最佳方案的会议。

顺便提一句，PDCA 循环是指"计划——实施——评价——改善"的活动。

■ 计划——实施——评价——改善

如果你是项目成员之一，请设想下面的情景。

假设现在有人提议发起一个提高库存精度的项目。

你被任命为循环盘存的负责人。循环盘存的操作方式很多，有按货架的排列顺序盘存、零散盘存、随机盘存等顺序盘存法；有按各货架盘存、按每 200 种物品进行盘存，或按通道盘存的物资量盘存法；还有指定一名员工操作，或指定由两名员工一边核对一边盘存，或规定在盘存表上记录数量或不记录数量等多种盘存方法，这些均须综合多种因素考虑。

经过深思熟虑，最后，你在召开 PDCA 会议时提出具体操作方案："随机抽取 200 种库存品，分成 2 人一组，一边核对一边盘存。盘存表上不记录数量，遵循这种操作方式进行循环盘存"，与此同时，你需要向参会者说明自己选择该操作方案的理由。

如果参会者对你提出的操作方案无异议，该案则正式列入计划。

接下来，你要做的是找一名熟练操作电脑软件的员工，让他制作一份列有储位项目和商品名项目的循环盘存表。 然后在现场另找一名员工，让这两个人搭档一起盘存。

下一步，由两人记录盘存差异结果。

另外，还应记录盘存实施方法（计划）的问题点和课题等内容。

在召开下一次 PDCA 会议时，由你在会议上公布盘存差异值、问题点和当下面临的课题。 与此同时，你应该围绕"盘存差异已明确，证实有一定成效"（评价）和"根据随机抽查的 200 件库存品的状况判断，按每 4 个货架一组的顺

图 2-16 PCDA

序进行盘存的时间效率最高，因此今后改为遵循该方案实施"（改善）两方面进行说明。 如果参会者没有异议，新实施方案就确定下来。 另外，你还可以向其他项目成员征询意见。

按上述流程重复进行的活动就是 PDCA 会议。

关键词

循环盘存 在规定周期内按顺序进行盘存，以一个月或半年为时间单位间隔，对所有库存商品进行盘存。盘存方式分为按储位盘存或随机盘存。

24 落实④打好基础——常态化

明确"由谁负责干什么"、"决定执行者、确认者、监督者"，以制度方式固定下来。

■ 使项目成为常态化业务

项目进展一切顺利，但是，当进入"OK！ 我们终于做出业绩了，大家为此付出了很多努力！ 现在宣布原地解散"的阶段时，有人开始心满意足地认为一切结束了。

即使项目进展顺利，如果不将其纳入常态化业务，就失去了应有的意义。 将项目纳入常态化工作（例行业务）直至整体结束是永恒不变的法则。

这种常态化分为把项目进程中的有效方法作为例行业务落实下来的工作和使之成为日常业务化的工作。

具体地讲，将项目过程中的有效方法作为例行业务落实的工作是确定"由谁负责干什么"。

举个例子，以上一节的循环盘存为例，主管指定小 A（一名熟练操作电脑软件的员工）制作一份列有储位项目和商品名的盘存表，指定小 B 和小 C（两名物流现场的操作人员）一

起盘存。 当发现库存不符时，由小 A 亲自前往现场确认现
物，同时进行书面记录，并在电脑上修改数据。

■ 确定执行人、确认人、责任人

其次，是日常业务化工作。

如上所述，如果只确定具体操作方法，那么，在接下来
的2~3个月内碰到工作繁忙就中断2~3天。 长此以往，日常
业务工作本身就可能不复存在。 所以，把防止这种情况出现
的措施纳入工作范畴的常态化工作是必要的。

为防止出现工作疏漏，相关责任人应确定"执行者、确
认者、监管（责任）者"。 执行者是小 B 和小 C，确认者是
小 A，监管（责任）者是物流中心经理。

① 循环盘存确认表（7月）

	盘存场所	差异	确认签字	备注
1号	A12	0	××	
2号	A13	0	××	
3号	A14	3	××	
4号	A15	0	××	

② 清扫检查（7月）

	预定人选	签字	备注
1号	木村	木村	
2号	大石	大石	
3号	松田	松田	

图 2-17 常态化业务确认

物流中心经理同时也是发现库存差异时的责任人。 其工作是每天检查物流现场宣传栏（布告板）上贴的作业检查表，检查作业的日进度情况。 如果检查表上没有确认者的签名，就视为该项作业未实施。 即使这项工作已经完成，也视为没有完成。 此外，物流中心经理应指导员工养成固定的工作习惯，例如小 B 和小 C 干完后，必须经小 A 确认签名，方视为作业正式完成。

到此为止，常态业务化结束，也意味着常态化阶段完成。

关键词　**常态化**　把改善提案等采纳的追加业务和变更业务落实到日常业务中的工作。即使在咨询工作中，常态化业务也是最重要的工序。这项工作执行不到位的企业缺乏一线执行力，其运营能力也低。

专栏　物流领域，谁将胜出，谁将落败

大多数企业奉行销售第一，物流第二的原则。反过来讲，物流处于被忽视的地位。

笔者从事的工作虽然是物流咨询，同时身兼企业经营决策人一职，因此对于大多数企业为什么把经营视为重中之重深有体会。

有一句俗话是"销售额能拯救一切",这句话说得一点儿不错。企业为了追求经济效益,把销售摆在第一位,一切以销售为优先,赋予销售部与其他部门不一样的特权。

但是,即使企业把重点放在营销上,努力追求经济效益,如果实际运作不良就没有意义,与破桶漏水的道理相同,工作必然出现纰漏。

为避免上述情况,企业的运营能力,即"现场力"和"运作能力"就成为重点。

而且,这种运作能力涉及多个领域。除了制造领域外,还有采购领域、物流领域。

那么,企业应该强化哪一种能力呢……?

这要根据企业选择的经营战略而定。

笔者在观察过形形色色的企业后得出下面的结论:在物流领域技高一筹的企业往往能在企业竞争中胜出,在物流领域落败的企业往往在竞争对手间败下阵来。

与该结论相左的情况基本不存在,这一点相信读者能够理解。当然,企业间的胜负较量不由投资金额决定,而是受物流服务水平和成本等因素的制约,其中特别是服务水平。

"接单截止时间延长 1 小时","接受小订单"。

满足这些条件，企业就能赢得竞争。

除了一些夺人眼球的革新型商品或名牌商品等差距较大的商品外，竞争企业间经营的商品种类大致相同。你见过出奇取巧的棒球球拍吗？或见过与众不同的洗涤用品吗？反正笔者没有看见过。

在物流领域胜出，企业就能赢得竞争。7-EVEVEn 便利店是一家在物流方面做得非常出色的企业，爱速客乐（ASKUL）、花王，还有百陆达公司（Paltac）也是。

那么，有没有在物流领域表现出色，却在竞争领域落败的企业呢？迄今为止，似乎还没有在物流领域强的企业破产的相关报道。

旧话重提，所谓优秀的物流企业，不是企业旗下拥有材料处理室之类大规模物流中心的企业，而是内外兼修，孜孜不倦地开展物流服务水平和成本等改善活动的企业。

贵公司同样有机会在竞争中通过物流抢占先机。

第 3 章

推动"物流改善"顺利进行的七个切入点

25　构建物流改善项目

　　项目应在大规模高级改善活动中发挥威力，项目启动前的准备工作应落实到位。

■ 物流改善项目的内容

　　所谓物流改善项目，是以改善物流为目的，集中企业主要成员，制定实践计划，采用具体方法进行改善的项目。 并不是以减轻作业负荷为目的停留在操作台或引进滚筒输送机的层面，而是有缩短作业时间等具体的数值目标，以实现这一目标为目的的项目。

　　引导项目走向成功的要点是切实做好项目启动前的准备

工作。 在准备阶段必须决定三个要素。

① 改善对象是什么？怎样改善的"目的"
② 确保项目进展顺利的"企业外部支持体系"
③ 配备热情肯干的人员"项目成员组成"

只要确保这三点，项目就会朝实现目标的方向顺利进行。 反之，如果其中任何一点发生纰漏，项目在中途触礁的可能性就很高。

■ 明确目的

关于设定上述①中目的的窍门，请参照下文 QCD 指标示例。

首先，明确选择上述三点中的哪一点作为主要目的。 目的只能有一个，如果太多，改善的方向就各不相同。 当设定的目的是提升品质时，成本就是增加的要因；当设定的目的是降低成本时，品质就是下降的要因；当设定的目的是交付期时，一定会对成本和品质造成大的影响。 QCD 通常在确定项目发展方向的过程中出现，而且必须当场决定。

如果把上面的"缩短作业时间"成本项设定为目的，就要运用 QCD 决定实现该目的的目标值。

举个例子，把 QCD 中的 Q 设为"从原先 9 小时作业时间缩短为 8 小时"，把支持 Q 的 C 设为"投资控制在 200 万日元上下",把 D 设为"预计在半年内完成"。

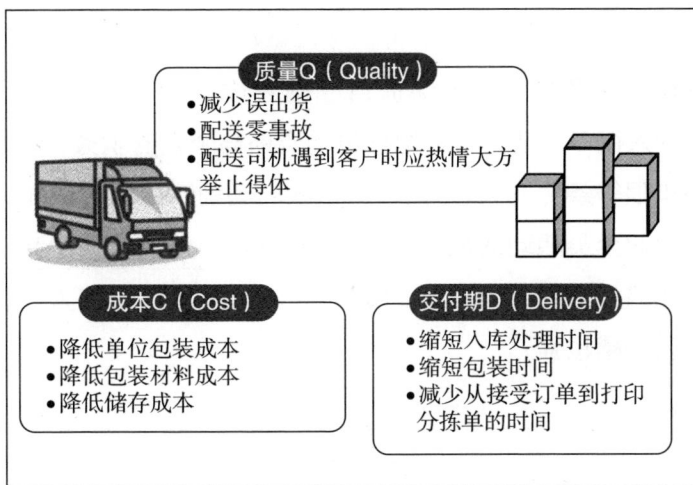

图 3-1　根据 QCD 明确目标

■ 利用企业外部支持体系

在推动物流改善项目进行的过程中，总有一些项目成员力不能及的事。沿用前面的例子进行说明，"遵守接单时间"时，物流现场向销售部提出希望能够遵守时间，但是，销售部未必肯接受这个提议。这时，可以由企业外部人员，如咨询顾问从企业整体运营成本的角度出发，通过其他项目的成功案例说明代为传达。最终的结果当然对企业有好处。

每个项目都有一个主导发起项目的项目所有者（决策人）。在项目所有者与项目组成员之间起斡旋作用也是咨询方的职责。

■ 确定成员

项目成员必备的素质是"干劲儿"，即改善物流的工作热情。

在管理者中，出于保护自己的考虑，"不愿干涉项目运作"的人很多，选拔项目组成员的资格与个人的职务、年龄、入职年限等条件无关。 在项目正式启动前，由项目决策人在召开企业全员活动的现场招募候补人选。 此时选拔出来的候选人热情度很高，因为他们是在全公司面前宣布的人选，其个人责任感也强。

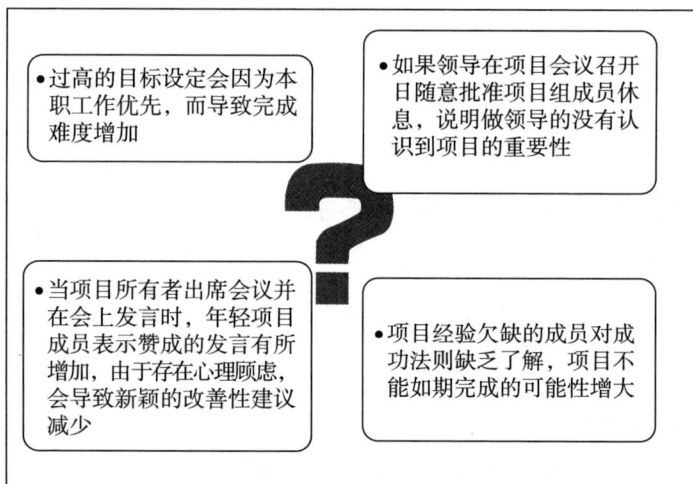

过高的目标设定会因为本职工作优先，而导致完成难度增加

如果领导在项目会议召开日随意批准项目组成员休息，说明做领导的没有认识到项目的重要性

当项目所有者出席会议并在会上发言时，年轻项目成员表示赞成的发言有所增加，由于存在心理顾虑，会导致新颖的改善性建议减少

项目经验欠缺的成员对成功法则缺乏了解，项目不能如期完成的可能性增大

图 3-2　消除以下因素

接下来，应从项目组成员中物色"领导"人选和设置"事务部"。 领导的职责是在项目讨论阶段提出最终判断。 成员

意见出现分歧时，由领导决定。 此外，领导还应对每次开会
过程中产生的课题和问题等进度情况进行确认，接受项目成
员的建议等。

事务部主要负责会议记录和整理资料。 该部门严禁懈
怠，如果事务部的工作执行不到位，项目进展就会延误，从
而导致项目整体受阻。

■ 使员工保持工作热情

项目组成员应服从"保持员工工作热情"这一企业命
令，因此必须认识其重要性。 此外，要求项目组成员必须了
解以下四点不稳定因素。

这四项不稳定因素必定会影响到成员的干劲儿，所以应
予以充分注意，将项目引向成功。

> **关键词** **项目所有者** 企业经营者或与之接近的项目决策人。其
> 职责是批准或否决项目经理提交的问题解决方案，制定
> 实际方案，消除项目进行中的障碍。

26 物流改善切入点①提高从业人员的工作积极性

明确的方针，对方针的理解和公正的评价有助于维持员
工的积极性。

■ "为了谁？ 为什么？"

工作的目的是获得报酬来维持生计，"求职"行为的出发点就在于此。 对待工作这一行为的看法仁者见仁智者见智，大致分为以下两种。

第一种，工作的目的仅仅为了领取薪水。 第二种，工作的目的是让客户满意，通过企业这一中间体从客户手里获得报酬。

前者的工作具有专业性。 一般情况下，这种人一旦在某种程度上习惯本职工作，如果再派给其他工作，他们会表现出抗拒的态度。 另外，当工作量增加却未获得相应报酬时，他们会感到失落，因为在他们看来，工作量等于薪水的劳动意义已经丧失，继而在实际工作中因为没有获得相应的报酬而心生抱怨。

后一种人奉行客户至上的原则，对他们来说工作的意义是一切为客户着想。 他们会为进一步满足客户的需求提议并实施，这些行为会以报酬+N的形式返还给他们，在此基础上，他们会在对方感谢的基础上，更加积极主动地使工作朝好的方向发展。

理解企业方针的人以后者居多，反过来讲，持有后一种观点的人更容易理解企业方针。

关于前一种人，某公司的董事长曾形象地说过这样一句话：

"报酬是有业绩之后领取的等价物。 员工应该学会思考一个问题：若想获得业绩，首先自己能为企业做什么。 员工进入企业的目的不是工作，而是业绩。"

提高从业人员工作热情的第一步是全员齐心协力创造
业绩。

■ 明确物流方针

你供职的企业的物流运营方针是否明确？ 如果还不明确，
充其量只能称之为一个机械地执行分派工作的劳动场所。 进一
步讲，企业也无法对某个员工的具体工作做出评价。 结果，不
但评价做不到客观公正，员工的工作热情也难以提高。

物流方针是企业方针，所以，只要明确物流的运营方
式，员工就能遵循该方针开展工作。 物流方针不单纯针对客
户，更是为了企业的成长壮大。 如果能够做到二者兼顾，无
形中相应的报酬部分就会返还给员工。

■ 明确职务内容

此外，即使企业方针已经明确，如果岗位职责范围不明
确，也会导致从业人员对工作应付了事的结果。

假设仓库配备了库管，配送有配送主管。 因为仓库库管
忙不过来，配送主管自行从仓库提货后分拣，结果发生误出
货或误配送。 请问这个责任由谁负责？ 是仓库库管还是配
送主管呢？ 如果岗位职责范围不明确，你当然不知道怎么回
答这个问题。

另外，以运输公司为例，在有些企业中，负责物流一线

的班长却跟车跑起了配送。在有些企业中，甚至连董事长也亲自上阵跟车跑配送。这类由配送主管以外的其他工作人员跟车跑配送的情况，除了工作特别忙碌的时期以外，原则上应当避免。

在上述案例中，当面对不好干的货运代理业务或卸货过程费时又费力时，很容易发生配送员随便找个借口撂挑子走人的情形。其理由很充分，反正剩下的配送工作有班长顶着。

班长必须切实担负起5S（参见图3-3）、配送和提高作业效率等岗位职责。如果班长继续跟车配送，就会对本职工作产生消极懈怠的情绪。作为上级，班长必须对每次货运的目的和进度进行确认，并设法消除现实存在的问题。

	广义5S	物流5S
整理	区分必需品与非必需品，不要的东西坚决处理掉	区分入库品和退货 区分不同的入库商品 对问题商品应迅速处理 对废弃品应立即处理
整顿	建立将必需品放在必需时能立即取到的位置之体制	票据每日整理归档 文件存放在每个人都能看到的场所 及时补充储位上的库存品 确保库内通道通畅无阻 及时整理使用过的工具
清洁	日常清洁	设置轮班清扫制，确保干净整洁的环境，能一目了然地观察现场
清扫	保持状态	保持状态
素养	遵章守纪	遵章守纪

图3-3 运用5S打造人性化职场

■ 明确评价制度

没有一个人能对自己做出正确的评价，评价是由其他人给出的。 这里所说的其他人特指上级，上级会清晰地指出你什么地方做得好？ 什么地方做得不好？ 这就是评价。

表 3-1　表评价表模板

姓名（　） 上级（　）			日期：　年　月　日			
本公司（公司名）在奉行客户至上原则的基础上致力于日常工作。为确保企业发展方向正确，将重视企业方针政策放在首位，在此基础上鼓励员工积极奉献、树立率先意识，为获得更高的评价开展员工间相互评定活动。						
			个人评价	个人目标	上级评价	董事长评价
A·基础表现	待人接物是否热情主动？	（3·2·1）				
	有无迟到早退现象？	（3·2·1）				
	是否理解企业方针，是否遵循企业方针行动？	（3·2·1）				
	工作是否积极？	（4·3·2·1）				
	工作是否到位？	（4·3·2·1）				
	分派的工作是否如期完成	（4·3·2·1）				
	是否遵循菠菜法则（报告，联络，商量）	（4·3·2·1）				
	接待客户的言行举止有无问题	（3·1）				
	与上级、企业高层之间相处有无问题	（3·1）				
	同事关系有无问题	（3·1）				
	工作时间内是否集中精力工作	（3·2·1）				
	有无公私混同情况	（2·0）				
	统计（A）	最高40分	0	0	0	0
B·能力	对分派的任务是否理解 （我的职责是_____）	（10·6·3·1）				
	是否以完成分派工作为目标努力	（5·3）				
	是否做出与职责相符的值得评价的业绩	（5·4·3·1）				
	统计（B）		0	0	0	0
C·成果	业绩委派方（客户或企业内部）是否愿意把工作交给你处理？	（10·5·1）				
	是否在工作开始前整理委派任务的相关进度，是否在经委派方许可之后开始	（10·5·1）				
	是否在预定期限之前交付或提交	（10·5·1）				
	提交物或交付品的品质是否达到或超过对方预期	（10·5·1）				
	统计（C）	最高40分	0	0	0	0

评价制度是总结员工在工作业绩之外所做的贡献。 例如，你的待人接物是否到位？ 工作中有无懈怠？ 行为是否以理解物流方针为基础等最基本的工作表现。 另外，你对上级分派的任务是否理解？ 是否做出与职责评定相符的业绩等的

工作能力。 客户或同事是否愿意把工作交给你？ 执行方的工作是否比交付方设想的完成得更好等工作成绩。

评价制度要求相关人员必须在评价表中记录这些内容。首先，让员工本人进行自我评价；其次，由其直属上级进行评价，最后，交由物流中心经理或部长进行综合评定。

评价结束后，上级必须找员工本人进行面谈，对相差悬殊的评价应消除相互之间的认识隔阂；评价结果特别差时，上级应告诉员工理由，并设法让他理解。

> **关键词**
>
> 5S　为了保持工作场所环境的宣传标语。通过在现场贯彻落实整理、整顿、清扫、清洁和素养五项，达到美化和提升道德观念的效果。5S 是工作岗位改善活动的基本事项。

27　物流改善切入点② 提高库内作业速度

找出发生瓶颈的工序和环节，立即进行改善。

■ 缩短什么工序的作业时间

库内作业也分为很多复杂的工序。 为缩短作业时间，首先必须找出瓶颈问题的发生源并迅速进行改善。

此外，以从商品从入库到归入储位的过程为例，即使这个简单的过程也需要进一步细分，具体分为以下几道工序：从货车上卸货→把送货单交给品检员→前往库存场所→商品开箱→核对送货单和商品→清点数量→填写送货单→验收结束后封箱→送往保管场所→对商品进行整理后归入储位。

其中，最有可能发生瓶颈问题的工序应该是验收后商品归入储位的期间。 假设入库验货口在一楼，保管场所在二楼至五楼的库房，由于电梯的台数有限，搬运商品时一定会耗费时间。

那么，如果搬运的开始时间提前会发生什么情况呢？ 不用说，搬运工人将商品运至保管区的时间也相应提前。 怎样才能使搬运时间提前？ 方法是集中人力品检。 品检结束越早，搬运工人把商品送到保管区的时间就越早。

由此可见，在耗时最长的工序集中安排人力对调整整体的作业平衡极为有益。

■ 各工序的什么环节存在浪费？

下一步，在思考怎样缩短时间的同时，把重点放在找出无效过程的时间上。 这时应按前文所述的细分工序进行盘点，从以下几点出发找出瓶颈。

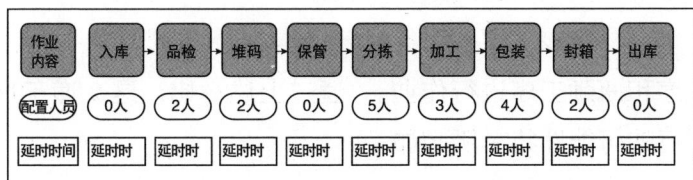

图 3-4 瓶颈问题出现什么环节？

· 该工序是否必需？

· 能否与其他工序合并？

· 工序本身能否缩短？

· 操作顺序是否明确（有无标准）？

另外，如果发现下述无效环节，应责令立即整改。

①正在考虑怎样进行作业

②正在寻找商品（包括物料）

③接到分派任务前（商品送抵身边时），等待中

④正在进行未经指示的作业（指定时间以外的清扫等工作）

关于第③点，存在前工序发生瓶颈的可能。解除瓶颈问题的方法有二。

第一，以车间作业速度最快最正确的员工为衡量标准，确保其他员工在该标准 80% 的时间段内完成操作。该法要求对多名员工，特别以有该工序操作经验的全员为对象，测量各人的具体操作时间，对这种情况进行调查所需的时间理论上不会给相关人员造成太大负担。

第二，在该工序多配备一名操作员。安排 2 人共同对等待工序和瓶颈工序进行作业。通过上述举措，这 2 道工序顺利进行的可能性将有所增加。

关键词　瓶颈　以物流现场为例，在一系列作业流程中，残留待处理部分或作业容易延迟的工序。

28 物流改善切入点③ 提高库存精度

存货精度以缺货率为衡量标准，应彻底追查导致差异发生的原因并着手进行改善。

■ 用库存差异率或缺货率进行测量

存货精度，是指实际库存量和理论库存量（也叫库存记录单库存量、电脑库存）之间的偏差。 偏差越小，存货精度越高。 尽管存货精度没有严格意义上的标准值，但库存差异率或缺货率越接近零越好，这一点毫无疑问。

库存差异率以每次的卸货误差值为衡量。

$$库存差异率 = \frac{库存差异点数}{理论库存总量} \times 100\%$$

缺货率以出货当日的缺货行数÷当日接单行数×100%计算。

$$缺货率 = \frac{缺货行数（缺货项目数）}{接单行数（接单项目数）} \times 100\%$$

以该数值为指标，如果希望数值一次比一次更好（降低库存差异率、缺货率），就应该考虑应该采取什么措施。

缺货率以当天的缺货项目数计算。

■ 调查库存差异发生的原因

为制定对策，首先应调查库存差异发生的原因。 为查明原因，可以采用特性要因图（参见图 3-5）和逻辑树（参照

第 32 节）等工具。 这些工具有助于追溯"原因背后的原因"，直到找出根本原因。

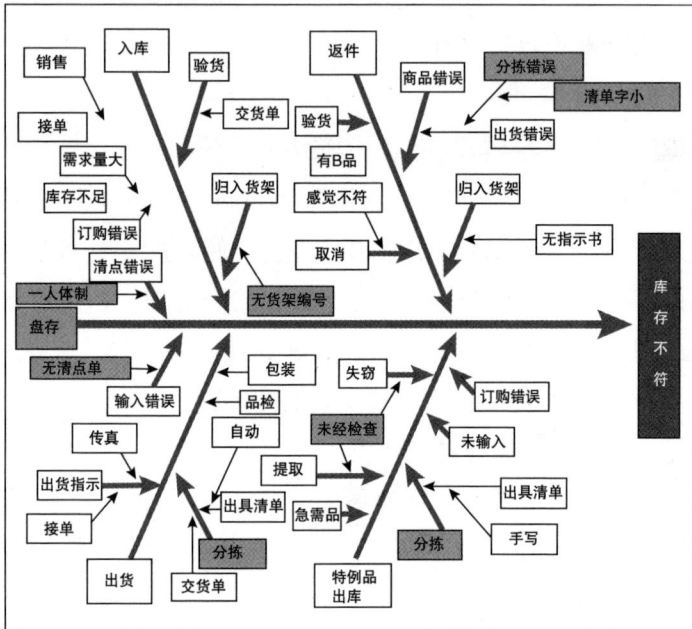

图 3-5 采用特性要因图调查库存不符的原因

　　举个例子，假设库存不符的原因是分拣过程中因数量清点错误导致的误出货。 出货时有一道分拣工序，那么，为什么分拣时会出错呢？ 让我们试着分析原因出在哪里？ 分拣时拣货员会一边核对分拣单一边拣货，问题会不会出在分拣单上？ 接下来，我们可以看到分拣单上列出的项目从左到右，依次按货架编号→产品编号→品名→购买人的住址、姓名→数量的顺序排列。 由此可知，因为数量一栏排在最后，拣货员看到该项的时间是在最后。 如果把数量这项列在货架编号这一项的后面，拣货员就会提前读到数量这一项，清点错误的可能性也会随之降低（参照第图 3-7 ）。

关键词　　**逻辑树**　把一个问题分解为无限延伸的 2 个或 2 个以上的MECE（各部分之间不可重叠而且无遗漏的构成要素）图。以导出解决方案为目的将问题层层细分。

29　物流改善切入点④ 减少出货错误

因人为失误造成的误出货品与顾客的信任度息息相关。误交付越少，顾客的信任度越高。

■ 减少误出货的视点

误交货（交货错误）原则上不允许发生。

但是，现实情况下很多企业都发生过交货错误的情况。原因是在物流的某个环节因人为操作失误所致。 客观情况下，是人就会发生判断错误。 尤其是配送环节，可以说百分之百由人决定。 所以，以防止误交货为目的制定对策时，应将重点放在让员工集中注意力，在个别环节由系统替代人工进行判断等方面。

首先，从什么环节最容易发生与误交货相关的问题出发思考（参照图 3-6）。

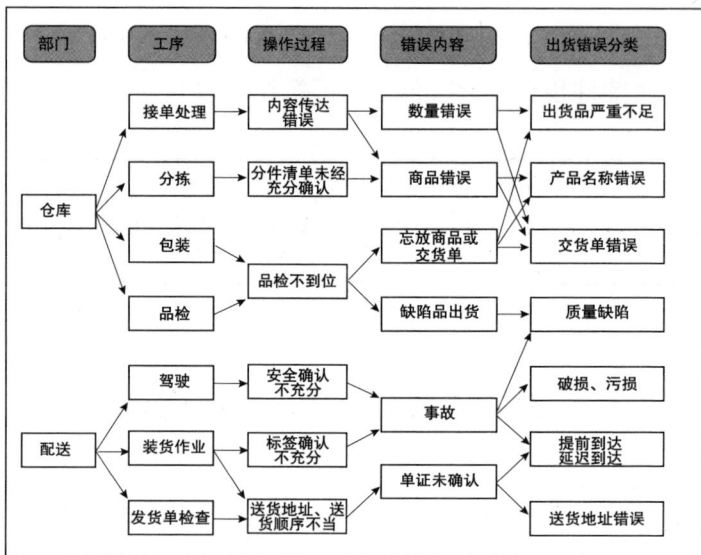

图 3-6　出货错误分类

　　交货错误大致分为两类，一类是进行库内作业时发生的错误，一类是配送作业时发生的错误。库内作业分为接受订单处理→分拣→包装→品检环节。关于接单处理可列举以下问题，例如：从接单部署到现场之间发生数量变更时指示出现遗漏；分拣过程中发生误分拣；包装过程中发生清点错误等。此外，关于配送工序可列举以下问题：因未核对发货单导致混入其他分店的发货单，因货物处理不当导致商品事故等。

■ 提高盘存精度，消除错误

拣货员分拣商品时，通常拿着出货包装盒（纸箱等），将商品装入对应的包装箱内。 数量清点共进行两次，分别在分拣时和返回包装间时进行。 在包装间验货时注意不要占用太大空间，在查验包装箱内容物的同时清点数量。

此时，一旦发现错误，作业人员可以把所有商品摆放在包装作业台上，一字摊开后逐件清点，这样就能避免清点错误。

这时，放置分拣商品的容器应与包装箱分开摆放，这样可以减少一道出货工序。 只需把商品从装分拣商品的容器中转移到出货包装盒内即可。

不管怎样提高效率，如果品检体制疏漏就失去了意义。

■ 在单证上加强注意

人的注意力通常是有限的。 在一线工作的人，一般上午精神集中，从下午到傍晚这段时间随着体力、精神双方面的疲劳，注意力容易出现涣散。 这时必须通过施加某些外界刺激，使作业人员维持注意力。 方法之一是通过调整单证的版面设置，使作业人员集中精力。

如图 3-7 所示，这里有一种把数量栏挪到项目之前的方法。 一般情况下，人的习惯是从最初看到的内容开始顺次记忆，所以调整数量栏的位置一种有效的手段。

分拣作业一般从储位栏开始顺次进行。 如果作业重点是商品件数，只要把件数栏调整到位置栏之后就可以了。

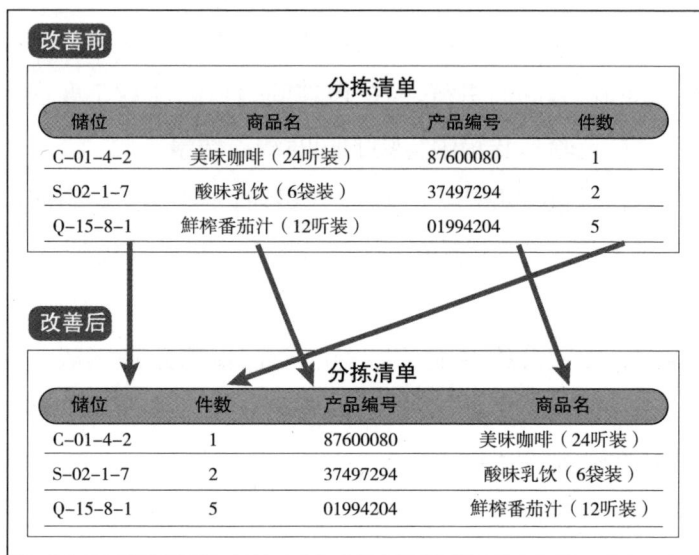

改善前

分拣清单

储位	商品名	产品编号	件数
C-01-4-2	美味咖啡（24听装）	87600080	1
S-02-1-7	酸味乳饮（6袋装）	37497294	2
Q-15-8-1	鲜榨番茄汁（12听装）	01994204	5

改善后

分拣清单

储位	件数	产品编号	商品名
C-01-4-2	1	87600080	美味咖啡（24听装）
S-02-1-7	2	37497294	酸味乳饮（6袋装）
Q-15-8-1	5	01994204	鲜榨番茄汁（12听装）

图 3-7　把数量栏提到项目开始

■ 利用出货检验系统大幅度削减误出货

商品条码管理能在很大程度上提高库存管理的精准度，在防止误出货上也具有很好的效果。

引进采用条形码的出货检验系统时，前提条件是所有商品均附有条形码或库存储位上标有商品条形码。 在后一种情况下，如果入库时归入储位的商品错误，该商品会被当成正确商品分拣，所以最好按前一种方式进行。

条形码出货检验的特征：操作人员手持掌上型终端机（Handy Terminal）对准商品条码扫描货号，与超市收银员一样逐件扫描货品的条形码。

同一种商品（货品）有很多件时，操作人员先扫描一件
货品，之后输入商品件数。 这种掌上型终端机可以取代收银
机的功能。

这种设备能将系统发出的出货指示信息（发货单信息）
中的商品编号、出货数量和扫描商品的条形码编号与发货量
进行核对，即时判断各种信息是否一致。

一旦发现信息不一致时，操作人员已经掌握了问题的具
体内容，所以，无论商品错误还是数量错误，都可以马上重
新分拣。 在这个环节几乎可以杜绝商品误出货。

进一步讲，送货单由出货品检部门出具，所以贴这种条
形码也能防止错误。

但是，归根结底品检工作由操作设备的人进行。 为防止
在该环节发生错误，应做到以下三点。

①准确记忆设备的操作方法
②准确输入
③按时进行设备维护

另外，在引进成本方面也存在课题。 如果误出货多次发
生，索赔经费筹措率高，这种出货检验系统将发挥很大作
用。 但是，建议企业在认真考量效益费用比的基础上探讨是
否引进该系统。

■ 外包注意事项

近年来，物流外包已经成为一种趋势，把物流业务委托给外部专业公司承运的企业越来越多。 但是，企业与物流公司之间签订委托协议时，如果没有把企业本身对物流的认识渗透到合作方，就可能发生库内作业、物流管理和物流配送体制得不到贯彻的情况。

举个例子，当本企业的物流方针是"顾客满意就是我们满意，我们的目标是追求零索赔"，企业会采取消除误发货的对策，这些政策当然与员工的评价制度挂钩。

但是，在同时与多家不特定的客户进行交易的物流公司中，该物流公司为了追求工作效率，遵循作业标准的出货体制不一定与合作方企业的物流业务一致。 有时还存在企业出货无品检体制的情况。

此外，物流公司的员工来源比较多，除正式员工外，还有兼职工、小时工甚至派遣员工。 与正式员工相比，这些员工对工作的态度存在很大差别。 所以，一些在人才培训方面投入少的物流公司，其工作指示和传达的执行率低下，出错率高。 反之，在人才培训方面自信的物流公司，其出错率低，可信度也高。

企业将物流业务外包出去时，除业务外，应选择那些能够贯彻己方物流方针的物流公司。

> **关键词** **出货检验系统** 一种通过扫描贴在商品上的条形码，自
> 动核对出货指示数据的系统。该系统能在瞬间做出核对
> 结果正确与否的判断。

30　物流改善切入点⑤ 降低输配送成本

与业界同行共同开展物流业务或集中配送。

■ 共同物流、共同配送的优点

共同物流是指在作业工序近似的同行企业之间，通过将己方
的出货作业委托其他企业在同一家物流中心处理，以实现大幅度
提升作业效率为目的的相关作业。 在共同配送中，因为各方的
交货地址相同，配送业者送往同一家配送点的商品配送量增加，
货车的单位运载效率得到改善，配送单位距离的销售额大幅度提
升，从而使相应的部分返还至货主（降低成本）手中。

进一步讲，交货方也是等商品集中到一定程度之后才集
中进行配送，所以，不仅发货方前往交货现场的次数减少，
周边环境也会明显改善。

■ 限定几家企业同行

限定企业同行，物流现场就能加快商品分拣，事务部门
协助处理配送管理和申请书时也能省去很多麻烦。

集中由一家企业进行物流相关作业，对物流现场有如下

好处：

①过去由各企业打印的分拣清单，现在由一家企业统一进行集中分拣，分拣次数减少

②各企业不必另行分拣出货品

③一日数次，集中收货，现场无滞留商品……

对事务所的好处如下：

①节约办公用纸

②不必另行更换发货单

③申请单处理业务由一家企业完成

④关于配送的交易业务由一家企业完成

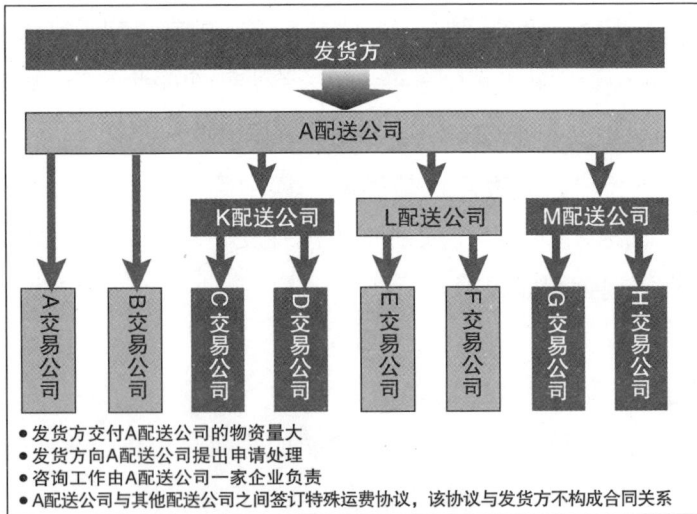

- 发货方交付A配送公司的物资量大
- 发货方向A配送公司提出申请处理
- 咨询工作由A配送公司一家企业负责
- A配送公司与其他配送公司之间签订特殊运费协议，该协议与发货方不构成合同关系

图 3-8 由一家企业集中配送

以电子数据交换（EDI）形式连接配送公司和物流信息，可即时掌控货物信息，全面掌控负责发货企业的配送情况等。 由一家配送企业集中（联合）送货还有总购量打折的余地。

● **运输的对象不是空气**

另外，还应在包装材料上下工夫，设法降低运输级别。首先，应尽量消除包装箱内的多余空间。 有空隙的包装箱必然需要大量缓冲材料填充，这和运输空气是一个道理。

购买出货包装箱时，应选择最小批次和采购价。 有些企业在材料费上过分计较，只选择购买最大商品尺寸或与平均商品尺寸等规格的包装箱。 结果，当出货品是尺寸最小的商品时，不仅增加了配送成本，还使得缓冲材料的费用增加。

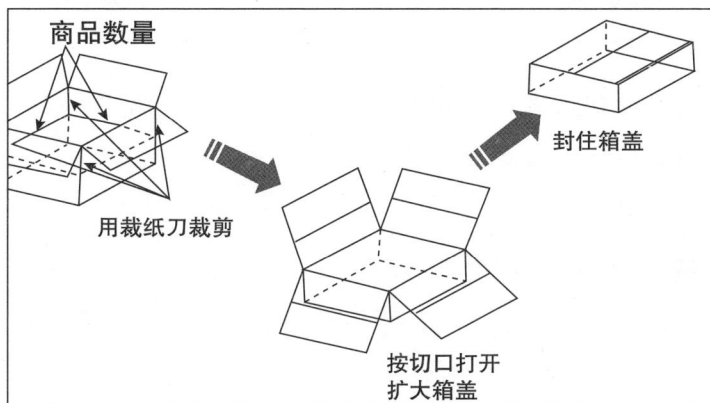

图 3-9　包装箱加工法

但是，作业人员可以通过切割纸箱的四角，改变尺寸等方式降低配送成本。虽然操作起来有点麻烦，但绝对值得一试。为什么？因为通过缩小包装箱的规格，能使运费降幅降低几十日元甚至上百日元。

此外，包装材料生产企业不同时，进价也各不相同。建议企业在采购这类物资时与其他同行企业一起采购，但是，当涉及在包装材料上印制各企业的名称或商标等时共同购买的难度较大，建议首选素色包装箱。

关键词　EDI（Electronic Data Interchange）　电子数据交换。随着该法的广泛普及，人们通过电话或传真等方式进行信息交换的成本大幅削减。

31　物流改善切入点⑥ 提高企业的配送品质

如果让配送员兼任销售，那么，改善其与客户接触的方式和仪表举止是必需的。

■ 配送员的心得体会

配送员的工作是什么？为什么要与客户亲切地打招呼？为什么要注意仪表举止？

这是因为配送员代替发货人配送的关系。换句话讲，因为配送员代替发货方的销售员进行配送。

销售员接到订单后，本应亲自送货上门，但是，这样一
来商品价值就会涨至最高点。 但现实情况往往不是这样，因
为仅凭销售员一个人根本不可能向所有客户提供服务。

于是，销售把配送业务交给配送员完成，这意味着配送
员应该具备与销售员近似的与客户接触的能力和仪表举止。
配送员应从销售的立场出发代行职责。

■ 减少商品破损的方法

尽管如此，当配送人员接到把多家不特定客户订购的商
品送往多处不特定交货地的复杂配送任务时，一定会感到体
力和精神的双重疲劳。 疲劳蓄积时，配送员对货物的处理容
易发生疏漏，并可能导致商品破损。

怎样避免因这种疏漏引发的问题呢？ 除了对配送员进行
教育之外没有其他办法。 可以从教育员工的方式出发，通过
实践逐步减少事故发生率。

商品事故分为两种，一种在现场作业的过程中发生，一
种在配送过程中发生。 作业过程中发生的原因如：因库内分
类场所不固定，作业人员在库内主通道上作业时，商品被铲
车碾压形成。 另外，因库内保管过程中堆货负载过大，导致
货物堆倒塌等，商品损毁问题在操作规程落实不到位的现场
发生的频率更高。

针对上述问题，除了改善工作场所以外别无他法。 所
以，相关负责人应彻底落实 5S 标准（参照第 26 节），对员工

开展提高工作积极主动性的培训等工作。

配送过程中发生商品损毁的原因如下：因堆放操作不当导致货物坍塌，因车辆紧急启动或急刹车导致货物相互碰撞引发货物倒塌等。 一旦发生货物散落倒塌问题，配送公司会很快失去货主的信任。 防止上述事故发生的对策分为：对配送员进行安全驾驶和绿色驾驶培训，通过实践减少事故发生等。

虽然事故的直接责任人是个人，但发生事故的地点是工作岗位，这一点是共通的。 因此，带领全员改善工作环境，建立积极向上的工作意识，有助于减少事故发生。

那么，怎样对员工开展培训教育呢？ 培训需要投入时间和成本，平时很难挤出空闲时间，只能放在休息日进行。 在工作日分组培训的先例并不罕见，但建议尽量组织全员参与，分组讨论进行。

培训正式开始前，主讲人向全员传达企业未来发展的方向，剖析现状中存在的问题，倡导全员一起围绕今后的改善工作进行思考，在此基础上制定实践计划。

通过将上述内容作为正式项目启动和实践，让员工从内心深处萌生全员参与改善的良好意识，不仅有助于精神层面的渗透，还能取得很好的效果。

> **关键词**
> **绿色驾驶** 以节省燃油、保护环境为主要目的的驾驶理念。相关数据证明：倡导绿色驾驶，既能减少驾驶者因时间产生的焦虑，又能避免交通事故发生。

32　物流改善切入点⑦ 引进物流改善系统

　　对企业的物流现状展开分析，引进与分析结果匹配的物流系统。

■ 引进物流系统需谨慎

　　企业引进物流系统失败的案例多发生在"以物料搬运性能为目的引进物流系统"的情况下。 这是因为企业对物流中心的运营能力和体制未经分析考量，以为只要引进先进优秀的物流设备就能解决问题（追求效率化）和忽视物流改善的本质，盲目引进的结果。 在一些案例中，与企业耗资千万（数十亿日元）引进的物料搬运设备相比，人工作业的方式生产效率更高，甚至存在对引进的物料搬运设备弃置不用的极端案例。

　　改善的本质是什么？ 改善不仅仅从成本投入大，缩短作业时间为目的出发。 为什么？ 因为在这些问题上耗费时间并追本溯源的结果才是改善的本质。

　　怎样追本溯源？ 请参照图 3–10 "运用逻辑树的原因调查法"制作。

　　此外，物流改善的切入点很多。 比如：在缩短作业时间方面，怎样把波动性较大的发货量维持在一个相对平稳的水平？ 能不能通过压缩库存，扩大作业空间提高作业效率？ 能不能通过改变储位，按存取物料频率高的商品顺序调整配置……第一步，调查企业的物流现状后进行分析，在此基础上找出问题点并明确问题的本质来进行改善。

■ 对物流现状进行调查

为了找出改善的本质，应从调查企业的物流现状入手。为解决问题，应从现状入手进行调查。

现状调查，就是"为掌握现状进行的整理和分析"。 具体调查方法如下：按品目类别收集出入库量、库存量、物流经费等定量数据和事务所、部门、生产网点、库存网点及联结它们的相关图、业务流程图、操作手册、作业时间表、各种单证、仓库平面图等定性数据，对这些数据进行整理并制成资料。 另外，向相关人员征询企业物流运营的总方针和现场作业内容，在此基础上进行补充。

准备制作的资料主要分为以下几类。

①流通环境图

以图表形式描述包括交易方和供货方在内的企业内外流通环境的图表。 该图主要描述业务结构、物资流通和组织间的关系等。 按商流、物流、信息流三个流程制作。

②业务流程图

按各作业、时间轴和与作业相关的组织轴描述业务流程的图表。

③各种数据统计表

整理定量数据，制成一览表。 用于作业数据分析和发现问题。

④业务和系统关联图

以图表形式描述企业现状的业务流程和信息系统之间的
关联性。

⑤作业一览表

按各工序详细记录一线作业，以明确各部门、各负责人
的职责范畴等信息的图表。 加入时间轴后可发现瓶颈环节。

■ 找出问题点

资料制作完成，下一步是整理分析，从中找出问题点。
通过这些步骤，就能立刻发现问题存在哪个部门或什么工序
中。 然后运用逻辑树对这些问题进行细分、整理、分析，从
而发现问题的本质。

通过以下切入点分组进行，更容易发现问题的本质。

①从改善的难易程度的视点出发

②从顾客满意度的视点出发

③从企业的责任部门、责任人的视点出发

④从人员、物资、资金等经营资源的视点出发

⑤从短期、长期等时间的视点出发

⑥从企业自行处理、与其他企业合作处理的观点出发

■ 制订具体改善方案

举个例子，假设企业当前面临的问题是"残次品情况

多"。 如图 3-10 所示，采用逻辑树对该问题进行描述。

除上述中心要素外，如果因时间紧迫导致作业过程中发生错误，就应在入库作业的环节增加人员配置。 另外，入库规范不明确或传达指示不到位时，必须明确规则，在遵守操作规范的基础上指导人员作业。

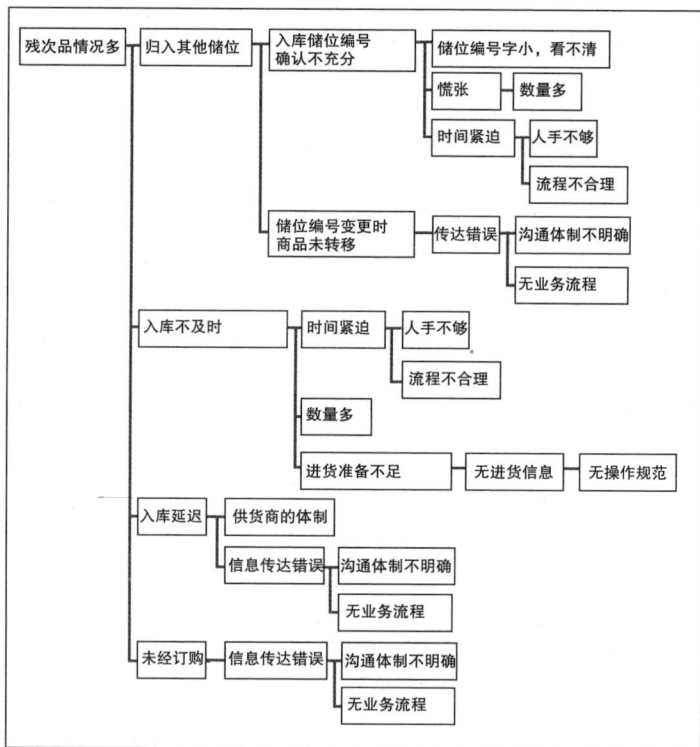

图 3-10　运用逻辑树的原因调查法

再进一步，当供货方存在问题时，应及时与对方交涉，避免供货延误或构建以防止各种指示遗漏为目的的体制（系统化）。

如上所述，即使只列出一个中心问题，改善的方向也是多方面的，相应的对策也各不相同。 企业应通过引进系统发现真正能够解决的问题，为彻底解决每个问题，应按定义系统要件→规格设计→开发委托的顺序进行。

企业引进物流系统的前提条件是在考虑实际操作人员的基础上进行设计，这一点非常重要。

关键词　**物料搬运**　英文全称是 material handling。为提高物流现场的作业效率，使用机器设备进行的作业。有时也指物流现场作业的自动化、省力化、效率化，以提升品质等为目的的搬运设备本身。

专栏　解决跨越多部门的物流改善问题

物流改善，就是"完善物流运营"。当然，改善是多方面的，绝不仅限于降低成本，还应从"企业发展的立场出发思考怎样改善物流"。

物流改善的前提条件是相关成员的积极性（干劲儿），如果没有干劲儿，改善将很难进行。即使只有一个人消极懈怠，改善工作也会停滞不前。通过发动团队力量激励个人奋进，对该论题至关重要。

为什么？因为不管我们干什么，没有干劲儿就没有开始。若想在企业层面开展物流改善活动，除了对企业整体运营改善持乐观积极的心态外，还必须有物流一线的支持。

为了达到这种状态，必须做好充足的准备。这就是"物流改善项目"的开始。

物流改善的实质是通过完善物流运营使企业发展壮大，若想让企业获得发展，应通过项目脚踏实地地进行改善管理。所以，笔者在第三章第一节设置的内容是"构建物流改善项目"。

有这样一个例子。某物流中心进行改善活动的主题是"提高工作效率"。活动同时也能为企业节省物流经费，所以受到广泛好评。

但是，这家物流中心存在作业效率低下的根本原因是库存积压。如果库存问题影响到物流中心的面积，那么仅凭现场"提高保管效率"一项措施改善是行不通的。这时，还需要企业其他部门，例如主管进货的商品部下面的采购科，以及根据顾客需求订购商品的销售部下面的销售科等科室的全面协助。

一般情况下，物流部没有自主性，完全遵照销售部的意见进行库存管理，按订单要求发货，并以严格遵守交付期为宗旨执行配送管理。客观上形成物流部失去自主性，难以向企业献言建策的环境。

但是，决心从企业层面大刀阔斧地进行物流改善的经营决策者认可物流部启动该项目。

项目启动第一阶段的目标直指提高物流现场生产效率的"库存压缩"问题。压缩库存的前提条件是销售科和采购科做出一种程度的让步，否则目标很难实现。于是，为实现该目的，项目组与各部门就主打商品、滞留品（周转率很低的商品）处理等问题积极展开沟通。结果，企业主营商品锁定以企业理念为基础的商品。此外，项目组进一步对滞留品进行转售或废弃处理工作，并与供货方交涉后达成一致。不出三个月，物流中心 1/5 的库存品消失得无影无踪。

第 4 章

成功进行"物流改革"的六个着眼点

33 物流改革开始前

企业经营决策层必须深刻认识到改革的必要性，由高管亲自督导指挥决定着改革的成败。

■ 物流改革调查表

日本 e-LogiT 公司从简单判断企业对象是否需要进行改革的设想出发，发明了一种名为"物流改革检查表"的表格。如果在该表中选择"否"的回答占半数以上，说明企业必须进行改革。

- 物流管理
  1. 有物流管理组织   是·否
  2. 物流管理责任人是企业董事级别   是·否
  3. 经营决策层对物流认识深刻   是·否
  4. 以前对物流进行过大幅度调整   是·否
  5. 加大对物流专业技能培训的力度   是·否
  6. 由企业项目组织主导进行物流改革   是·否
- 成本
  1. 掌握物流成本，包括企业成本   是·否
  2. 主要物流网点周边无外部仓库   是·否
  3. 从接到订单到分拣为止的处理是批处理   是·否
  4. 东京至大阪间的10吨租车配送费用低于9万日元（约合7000元RMB）   是·否
  5. 物流中心的利用率（使用面积）一般在80%~100%   是·否
  6. 无倒运（货物移库）   是·否
  7. 物流中心的分时段业务内容明确   是·否
  8. 基本遵守订购截止时间   是·否
  9. 紧急出货仅占整体发货量的1%，占金额的0.01%   是·否
  10. 可大致判断供货方的物流成本   是·否
  11. 不良库存不全按一般废弃物处理   是·否
  12. 定期开展物流合作   是·否
  13. 物流成本呈降低趋势   是·否
- 质量
  1. 订购残次品率低于0.001%   是·否
  2. 交货错误低于0.001%   是·否
  3. 退货率低于5%   是·否
  4. 商品破损事故每年不超过4次   是·否
  5. 能及时回复顾客关于商品库存情况的咨询   是·否
  6. 订购系统仅通过在线或传真方式   是·否
- 速度
  1. 经常接到紧急出货申请   是·否
  2. 除紧急出货外，从接到订单到交付为止最快在24h内完成   是·否
  3. 不良品库存一般低于库存总量的5%   是·否
  4. 分拣速度根据人均小时作业行数确定   是·否
  5. 与客户约定的订购──交付前置期的遵守率达99%以上   是·否
  6. 在行业间的库存周转率排名靠前   是·否

	是	否
物流管理		
成本		
质量		
速度		
合计		

图 4-1　物流改革检查表

　　该调查表中最重要的内容是"物流管理"部分。 提问的目的是确认企业是否已经成为自发进行物流改善和改革的组织。 调查结果表明：当企业物流部门引进优秀人才时，与物流相关的知识和水平将自然提升。

　　如果物流管理的部分调整好了，只需少许建议和由外部

顾问参与编写的项目，便可取得相当的成绩，这种成果会自然地持续升级。

■ 企业高层对物流的认识

这种体制是否正在形成，与"企业高层对物流的认识是否深刻"相关。

当企业经营决策层提出物流改革并计划立案时，物流改革的进度会明显加快。 为什么？ 因为物流改革必须与其他部门之间协调进行，如果没有文件的保证，地位较低的物流部通常无权指挥其他部门参与。

因此，为在企业上下间贯彻由高层主导进行物流改革的决心，必须由决策层亲口宣布进行物流改革，建立项目组并亲自担任项目组的直接领导。 此外，项目组编制应邀请销售科和生产（采购）科等部门掌握决定权的领导参与。 一旦扫清这些障碍，影响改革失败的主要因素就会被排除，也意味着项目的前期准备顺利完成。

> **关键词**
>
> **物流改革宣言** 进行改革时，只有表明决心并正式宣布，才意味着在企业正式启动改革。宣言包括阐明理由"为什么进行改革"和对结果的设想"改革后会发生什么情况"两方面的内容。

34　物流改革的着眼点① 了解目的！

确认物流改革的重点以成本为主，还是以服务水平为主。

■ 优先进行什么？

物流改革的方向很多，例如"保证即日送达"、"保证成本降低40%"、"保证缺货率低于0.1%"、"保证误发货率低于0.001%"，但是，现实情况下若想同时满足这么多要求其实很难。

进行物流改革时，首要的考虑因素是"把什么作为优先考虑的条件"。 关于这个问题具体参见图4-2，但是，在实际情况下除具备一定规模的物流运营外，想达到"在降低物流费用的同时提升服务水平"几乎不可能。 一般情况下，降低成本必然以牺牲服务品质为代价，而提升服务品质必然伴随成本增加。 因此，企业必须明确物流改革的重点是以降低成本为主，还是提升服务水平为主。

但是，为使产品的性价比有所提升，企业可通过咨询顾问等专家或物流公司等外部力量协助实现。

■ 降低成本还是提升服务水平

近来，以物流成本为重点进行改革的企业呈减少趋势。原因是当下是以服务一分高下的时代，奉行"降低物流成本"宗旨的企业从竞争中"落败"，只能面对维持现状或缩小规模的困境。 那么,"获胜"企业改革的重点是什么呢？ 这就是提升服务水平或压缩库存。

提高服务水平,是把目标锁定在怎样缩短从接到订单到送达为止的所需时间、小批量出货体制、实现紧急出货处理以及延长订购截止时间等措施上。

某印刷公司有一家从事纸张批发的企业客户,该公司在维持向客户提供的物流服务水平的同时,新开辟了一项特殊服务——"如果客户上门自提商品,只要提前打一个电话订购,我方会立即安排人员备货"。 这项措施专门针对"非指定某种商品不可"的客户,从而使企业销售额得到提升。

于是,这种致力于提高销售额的"获胜"企业逐渐把运营重点放在提高服务水平上。

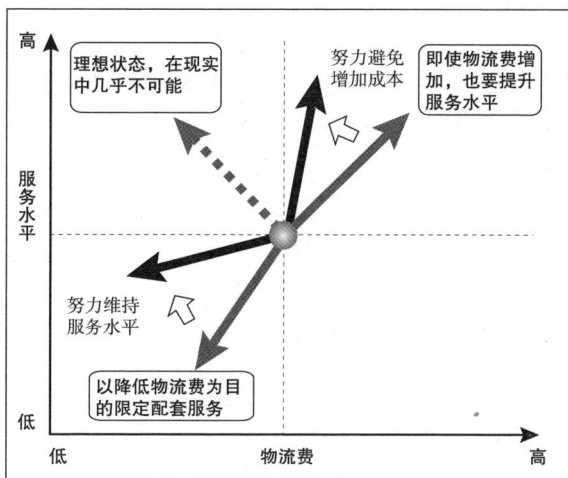

图 4-2 成本和服务水平

35　物流改革的着眼点② 把握物流网！

通过物流配送网络示意图掌握整体流通状况，从中发现不必要的环节。

■ 用图表形式描述物流网

大多数企业旗下经营的商品种类都很多，既有外购商品、企业自营商品，也有进口商品等。 其次，销售方也分为批发商、零售商、国内销售商等各种不同的客户。 这些商品在物流过程中的具体流程是什么？ 仅凭想象去推敲很困难。

为掌握上述商品的物流程序，采用图表形式描述是最佳的选择。 图表可以消除因人而异的认识差异，而且简单直观。

图 4-3 是某企业制作的一个网络图。 在该图中，由位于关西的供货商提供的零部件在关东工厂经过加工后成为产品，该产品被送往位于关西的物流中心，最后返回关东的销售商处（参见图 4-3a 途径）。

使作业人员轻松掌握这些信息的载体就是网络图。 如果没有网络图，想全面掌握这些信息基本上是不可能的。 现实情况下，经常有部门经理级别的人因为不了解情况，提出如"还会发生这种问题吗"之类的质疑。 如果只有物流部门掌握相关情况，一线作业人员因为不了解，当然会发出诸如"为什么我们要干这些没用的工作"等感叹。

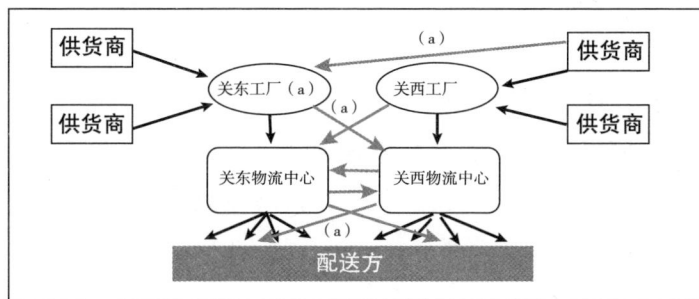

图 4-3　物流网络图

■ 分为流通阶段分类和地区分类两种写法

这种网络图分为两个侧面，一种是从"供货、制造、物流中心、销售"的阶段分类出发，一种是从"关东、关西"的地区分类出发。 从供应链管理（SCM：国际供应链协会开发支持的供应链运作参考模型）的立场来看，通过在阶段上组合"SOURCE"（采购·调配）、"MAKE"（生产·加工）、"DE-LIVER"（销售）、"RETURN"（退货）等因素掌握供应链的情况。

下面，笔者打算分别从阶段分类和地区分类的观点出发，选取其重点说明。

首先，阶段分类以时间为中心进行分析，地区分类以距离为中心进行分析。在此基础上再增加一项物资量（金额），就能发现优先课题。

具体地讲，在阶段分类中，如果某物流中心连续一个月什么也不干，该中心 1/3 的库存金额均处于休眠状态，就说明这家企业必须改变。为什么？因为这种情况是导致库存周转缓慢的主要原因。

此外，在地区分类中，如果把 1/3 的物资量从位于日本东北部的工厂运往南部的九州物流中心，企业的生产成本就会大幅度提升。与其这样操作，不如考虑从其他工厂调配更经济。

如上所述，使作业人员更直观地把握问题原因的方式就是网络图。如果在此基础上增加物流成本等项目，问题就会更加清晰。

关键词 国际供应链协会　SCC（Supply Chain Council）是一家非营利性机构，1996 年，由一家美国咨询公司联合其他权威企业共同创办。SCC 日本分部从 1998 年创办以来一直积极开展行业活动。

36　物流改革的着眼点③ 把握物流成本！

物流成本分析因目的不同而不同。没有切实掌握物流成本，就无法制订计划。

■ 物流成本表的变化很多

此外，还有一项与物流网络图相同，以物流改革为目的的重要任务，这就是把握物流成本。

物流成本的分析角度很多，如下表所示，有物流功能分类、支付形式分类、阶段分类等多种把握物流成本的方法。根据想要做什么的利用目的不同，采用的分析方法也不同。

改革和改善必然涉及"假设"和"验证"过程，举个例子，如果假设是"库存所占的物流网点规模比率多，需要集中网点和扩大规模"，就应该制作以"根据物流功能分类考虑保管过程中不同支付形式的物流费用"为内容的物流成本表。

如果假设不成立，可以采用上一节的物流网络图进行描述。内容不必太详细，只要大致标出各阶段和各阶段具体的物流成本，就能了解物流的实际状况。接下来，得出下一步行动的假设，之后进行改革后的验证（掌握实际情况）。

表 4-1　物流成本分析

切入点	解析	示例
物流功能分类	物流的五大功能（配送、保管、装卸、包装、流通加工）分类的物流成本 ※ 在五大功能之外，可根据需求加收信息处理费等	配送费、保管费、装卸费等

111

切入点	解析	示例
支付形式分类	在申请单基础上的物流成本明细 ※ 驾驶自有货运车辆运营时，驾驶员计入人工成本 ※ 便于计算，但与其他企业不好对照	企业自行支出、其他企业支出、自营物流费、委托物流费、人工费、配送费、租金、加工费等
阶段分类	企业各阶段的物流成本 ※ 通过与物流网络图一起对照分析，可掌握各阶段的情况	采购、生产、物流中心、销售等
具体的阶段分类	物流各阶段中各具体功能所需的物流成本 ※在重点改善功能的作业改善等有效	仙台物流中心的入库费、保管费等和东京新宿店的品检费、入库费、盘存费等
地区分类	通过发货地配送费和各地区物流中心费等与各地区销售额之间的比较，明确物流效率 ※ 需要与其他切入点配合使用	运往东北、关东等地的发货地类别配送费；各地的物流保管费、配送费等
产品分类	各产品（产品类别）的物流成本 ※ 商品特性的偏差（轻重有别时有效）	A 商品的物流费等 建筑材料产品类、室内装饰产品类等物流费
出货形式分类 出货方行业分类	根据出货时的货物包装和出货方行业形态区分 ※ 能在交易条件改变和营销策略上反映出来	百货店、专卖店、批发商等不同行业的物流费；散装、托盘装、包装箱、纸箱等不同包装的物流费
物流 ABC	根据 ABC 成本法（作业标准成本）核算物流费	从储位取货的成本等

112

```
┌─────────┐      物流 ABC  Activity Based Costing（ABC 成本法），以计算
│         │   作业单位成本为目的得出作业单价的方法。其物流成本
│ 关键词  │   版就是物流 ABC。
└─────────┘
```

37　物流改革的着眼点④了解物资量波动！

为完善物流体制，应了解物资量的波动情况。

■ 物资量波动因企业而异

物流存在"波动"。 为什么？ 因为物资量并不是在一定的时间段内，以日或年为单位按照恒定数量出库入库的，而是遵循一定的法则（星期、季节等因素）呈现上下波动的趋势。

物流中经常存在诸如"怎样控制波动"、"怎样克服波动"之类的问题。

物资量为什么波动？ 原因是受到营业结算日（如年末）、季节性因素和商业交易等因素的影响。

关于物资量为什么在营业结算日发生波动的问题将放在其他篇章中另行说明。 受季节因素影响发生的波动与半袖衫或圣诞树仅限于在特定的销售期间销售的道理相同，因为商品特性决定销售和生产日期，所以导致波动发生。

受商业交易因素影响发生的波动与财务结算日有关。 一般情况下，交易对象（买方）不愿过多支付货款，所以会尽可

能压缩订购量。 如果企业的财务结算日是 20 号，通常订购方从 15 号开始会尽量控制订购量，改在 21 号大量订购，于是波动发生。

另外，波动还受到交易方行业形态的影响。 例如在 GSM（综合超市）等企业中，每逢周六日，商品销量就大增，所以订单通常集中在周一。

如上所述，因为波动受多重因素的影响，所以，有必要使这些因素规律化。 规律化的前提是收集数据。 图 4-4 所示的资料分别是某服装生产企业的月度波动图和日均波动图。 这个图看似难懂，但有一点很清晰：在这家企业中，从月末开始的 3 个营业日的出入库占整月出入库总量的 30%。这就是规律。

■ 使波动规律化后，启动人员编制

只要明确波动规律，就能设置基本体制和补充体制。 体制分为两个层面，一个是人力资源，一个是硬件设施（仓库等），各层面应分别设置。

进行设置时，先在 EXCEL 中设计简单的计算公式模板，列出几种方案。 选择导入哪一套模板的工作可以交给外方（咨询顾问）决定。 原因是企业内部人员对情况的了解更多，更容易把注意力放在细枝末节上，这样反而很难做出决定。 反之，由外部人员从全局出发决定大体方向更容易获得好的结果。

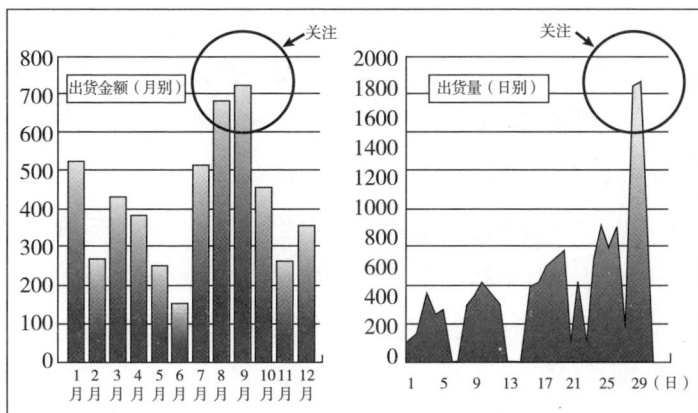

图 4-4　物流波动示例（纵轴和横轴略）

　　如上所述，通过把握波动情况，找出规律并落实物流体制使一部分改革指标确定下来。

> **关键词**　季节性波动　与玩具在每年的年末（圣诞节前）和年初（日本的正月新年）热销的道理相同，商品也存在根据季节变化销售量发生波动的情况，这被称为季节性波动。除了商品，波动还受行业因素的影响。

38　物流改革的着眼点⑤ 实践库存杠杆原理！

　　减少1%的库存，等于削减3%以上的成本。

■ 降低成本65%的根源是库存

日本物流界的先驱——川口静夫，根据个人经验和业绩

115

说过这样一句话："进行物流改革时，其经费削减总额中65%的根源是减少库存"。 这句话用日本 e-LogiT 公司的说法来讲是"库存杠杆原理"。 所谓"库存杠杆原理"，意思是"减少1%的库存，等于削减3%以上的成本"。

库存过多引发的成本增加问题比我们的想象来得更严重。 一提到"因库存增加引发的……"时，首先让人们联想到的恐怕是仓储（保管）费。 其实这项费用应该引起人们的警惕。

为什么？ 假设之前企业租用的仓库发生爆仓（或营业仓库爆满），请问该怎么办？ 恐怕必须经过重新调整发往附近的仓库，接下来，还要安排运送商品的货运车辆。 当其他仓库的商品发货时，一般情况下是一次性交货，还要安排人把寄存在该处的商品运回原仓库之后再发货，结果，由于库存过多产生额外费用。

■ 因库存过多产生的各种成本

此外，当库存增加时，从进货方到工厂，再从工厂到物流中心会产生额外的运输费用。 即使商品不对外销售也会发生运输费用。

而且，库存增加导致分拣效率降低；库存面积增加导致移动距离变远；货物存放位置靠里导致作业人员寻找起来不方便；仓库通道狭窄导致作业人员拿取货物不便。 在这种状况下，分拣效率必然低下。

最后，库存盘货时间延长，仓库租金也随之水涨船高。

如上所述，库存过多从直接或间接方面导致成本提升，除不良库存的折旧金额外，还成为成本大幅度增加的原因。

因此，切实控制库存非常重要。 企业进行物流改革时，库存管理系统化或遵守操作规范作业等因素暂且不论，计算适当的库存量，确定在库管理方法，以及在订购上加大力度都是必需的。

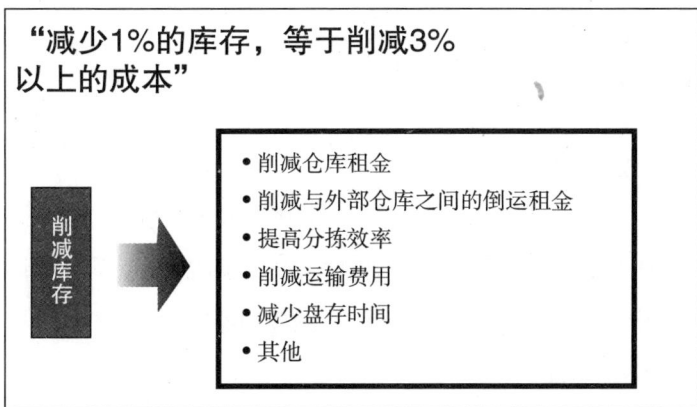

"减少1%的库存，等于削减3%以上的成本"

削减库存 →
- 削减仓库租金
- 削减与外部仓库之间的倒运租金
- 提高分拣效率
- 削减运输费用
- 减少盘存时间
- 其他

图 4-5　库存杠杆原理

关键词　川口静夫　1998 年，与河西健次一起获得日本物流功劳奖的日本物流咨询顾问先驱。毕业于神奈川大学，原大型物流企业扇港集团（Senko Co., Ltd）专务理事，兼教育学家，曾指导过众多物流从业人员。

117

39 物流改革的着眼点⑥ 着手改革营销！

若进行"强推式营销"，其后续退货处理等环节的物流费将增呈 3 倍。

■ 营业结算日是物流的杀手

对大多数企业而言，营销都是企业的重中之重，是地位最高的一种职业。 没有营销，再好的产品也没有销路。 如果营销不盈利，财务等相关部门的薪水就发放不出。 因此，企业往往从上到下形成以销售为中心，全员支持销售。 生产线和一线员工的想法大抵如此。

现在，虽然客观环境允许企业将营销活动的职能部分或全部委托给外部公司承办，但其中的问题依然很多。 销售外包并不普及，为什么？ 因为如果销售外包进行得不顺利，企业将很难继续存在。

这种营销至上的思维模式没有错，对企业成长是必需的，但是，我们有必要认识到奉行营销至上的"销售核心主义"必将导致企业内部体制崩溃。 为什么崩溃？ 因为这会引发额外的"企业内部业务的波动"。

对很多商界人士来说，"一到月末就忙得不可开交"是司空见惯的现象，经营分为几个结算期。 在这些结算期之前，人们工作忙碌是很正常的事。

劳动定额是必须完成的指标，所以，如果进货量不变，结算日前夕的订单少，就会发生订单暴增，扎堆订购的情况。 应对这段时期订单的会计业务集中在一起进行，在线联网的物流中心也必须赶在结算日之前处理交货高峰任务，这些就是结算日之前的状态。 在这段期间连电话也一直处于忙碌状态。 一旦过了这段时间，电话量就会锐减。

同样，在这段时间内，物流中心雇用的员工数明显多于平时，出货泊位和出货前的临时保管区的面积也随之增加。

■ 强推式营销产生 3 倍物流费的法则

于是，在这种状况下会发生"强推式营销"。 强推式营销发生时，物流成本会迅速攀升。 由笔者命名的法则中有一条被称为"强推式营销产生 3 倍物流费用"的法则。 强推式营销会导致大量退货。 此时企业的物流成本明显高于平时。在运费方面不但频繁返还货到付款商品的金额，撤掉包装后的返工和入库品检作业也比平时高出数倍。

如果在此基础上再增加贴价签等加工作业，更多让你想象不到的作业成本会源源不断地涌现出来。 用一句物流界人士的话来说，就是"恐怕不止 5 倍"。

营销结算日引发的问题堪比大规模灾害。 为消除上述状况，企业应根据自身状况采取细分结算日（比如将结算日改为每月 15 号和月末等方法）或从销售业绩中扣除物流环节额外增加的负担等措施。

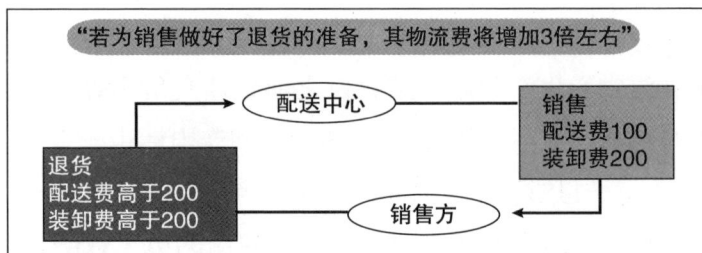

图 4-6 强推式营销产生 3 倍物流费用"的法则

关键词

强推式营销 企业或销售人员出于提升业绩的考虑，强行让客户在结算日之前购买商品的营销模式。过去，这种模式多见于商品未经销出，却按仓库出货量计入销售额等伪造销售额的案例中。

40 继续物流改革的步伐！

为了维持物流改革的成果，有必要建立使销售部和物流部处于对等立场的检验体制。

■ 改革需要检验机制

一般情况下，当我们试着向企业物流部门的人了解"请问贵公司的物流成本是多少"时，一般人都答不上来。 另一方面，如果用同样的问题询问销售部的人，对方通常会告诉你关于企业的销售额情况。 二者之间差异巨大。

对销售部的人来说，销售额就是他们奋斗的目标。 每名销售人员都会尽己所能完成目标。 而对物流部的人来说，他们追求的不是目标，而是作为结果的物流成本。 所以，物流部的人对降低各人成本的认识通常比较低。

这种现象与物流部仅仅根据销售部的期望（物流成本增加的要因）运作、销售部再努力也没有效益的企业组织形式相关。

如果销售部期望提升物流成本，那么，物流部和销售部之间本来应该就"这样进行物流成本会增加多少"的问题在协商的基础上发挥检验机制的作用。

这种检验机制不仅限于成本问题，物流品质降低时，也应采取同样的措施。

物流部不参与新项目，销售人员也没有把听到的信息以顾客真实需求的形式反馈给物流部就随意接受订单，之后匆匆忙忙地通知物流部"请马上准备×××"。 毫无疑问，在这样的企业中，即使物流改革在短期内收到一定成效，很快就会恢复从前的老样子。 为什么？ 因为企业耗费心力构建的检验机制没有用武之地。

■ 让检验机制发挥作用的方法

怎样才能使检验机制充分发挥作用呢？

首先，应赋予物流部与采购（生产）部、销售部同等的立场（权力、地位）。 企业为了谋求发展，在各发展阶段对不同部门区分优先级别是必要的，但是，如果政策过于倾斜将不利于企业的发展。

其次，各部门应切实了解其他部门的状况。有物流工作经验的销售人员接到订单时，会从避免给物流部门增加负担的角度出发考虑，因为他懂得物流部门的辛苦。最近，有些企业开始在企业内部对营销人员展开物流培训，这一举措是为了让营销人员在一定程度上了解其他部门的运作情况。

下一步，应召开物流工作会议。会议内容除了探讨物流方面的问题外可以畅所欲言，更重要的是营造一个交流的场所，从"我们准备对物流进行如下变革"的改善视点出发呼吁其他部门"给予××协助"的提议。

实际上，不少物流部经理抱有"反正即使提出建议，最后也不了了之，所以干脆什么也不提"的想法。而在很多企业中，一些人主动积极地投入工作，到头来却落得白忙活一场也是司空见惯的情景。

因此，企业有必要构建方便员工提出建议和落实建议的基础环境。

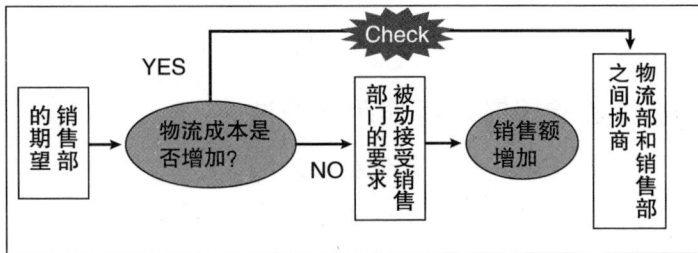

图4-7 物流的检验功能

> **关键词**
>
> **以销售员为对象的物流培训** 根据接单内容对物流是什么进行分析说明的培训活动。培训面向不了解物流业务的一般销售人员进行,主要目的是让他们了解导致物流部负荷增加的各种原因。

专栏　物流改革和物流改善

在一些人看来,探讨物流改善和物流改革的不同点与生产之间没有关系,所以不存在讨论的价值。其实,推动改善项目和改革项目时,因为各自延伸的切入点十分明确,所以,了解二者之间的差异是必需的。

物流改善是以提升物流一线运营能力,即操作能力为目的的方法。

启动改善项目、QC 团队和改善小组,通过 PDCA 循环开展以深化物流方针为目的的活动,最终使之落实到日常业务中。

这种方法的目的是为了日常作业更迅速、更正确、更有效地实施。但是,仅仅通过改善活动还不能起到戏剧性变革的结果。改善是进一步深化。即使同一种操作,通过改善能在现有基础上变得更好。而作业本身则朝着规范化→专业化→技巧化的方向发展。

所以,改善不可能获得翻天覆地的变化(突破性进展)。想获得突破性进展,必须进行改革。

改革是在零起步的基础上考量企业内部业务，目标是重新构建。是一种把企业内部事务暂时搁置到一边，对物流进行更新的活动。

　　改革的方法很多，例如风险市场、适合差距分析（fit-gap analysis）等，改革的第一步是营造"应有的理想状态"，以达成该目标为出发点思考具体的实施方法。

　　下面以枪和大炮为例对改善进行分析。

　　早在人类使用枪支的时代，改善就是思考怎样提高枪支的杀伤力，怎样攻击远处的敌人，怎样制服更多的敌人等，并在这些目标上下工夫。

　　但是，改革是把注意力放在怎样在瞬间杀死更多更远的敌人。例如，设想怎样才能让巨大的岩石飞出后命中敌方阵营，这样进行设想并动手设计制作大炮或射石炮的过程就是改革。改革始于构思"应有的理想状态"。

　　可能用汉字写出来更有助于读者理解。改善是深化，改革是进化。从变化的程度来看，也可以说改革是突发变异或突破性进展的革新。

　　笔者经常把一句话挂在嘴边，"改善带来百分之几的变化，而改革带来百分之几十的变化"，二者在动态特性上存在的差异如此之大。仅仅锻炼操作能力，不可能使成本降低百分之几十甚至缩短时间。

第5章
物流系统引进案例和解决方案

41 邮购公司的出货检验系统

在品检系统中使用条形码检验，可以使误出货率达到 0.001%的目标。

■ 案例企业概况

防止误出货措施中最常用的方法是在出货检验中采用条形码检验。一般情况下，当企业运用这种方法运营时，误出货率可减少 0.1%。

举个例子，某知名户外用品邮购企业因月均出货量较前年同比明显增加，出货作业滞后，误出货频发，接到好不容易建立起合作关系的客户的指责，为企业形象受损伤透了脑筋。 除误出货问题外，在最大出货量问题上同样觉得棘手的该企业通过引进条形码出货检验系统，使两个难题彻底得到解决。

■ 引进效果

出货检查由人工进行的局限性在于，一旦更换检验方法，到作业人员熟练操作为止的作业时间一定会延长，继而发生前面提到的在最大出货量问题上感到棘手的问题。 但是，如果采用条形码出货检验系统，不仅能减少误出货，还能同时提高作业效率（缩短作业时间）。

企业可以把这种条形码出货检验系统一并纳入今后业务改善的范畴，该系统由笔者所在的企业独立开发。 追求改善出货检验前后工序的效率时，如果使用套装软件，遇到与商品规格不符的特殊包装时，一定会引发后续问题。

引进出货检验系统会取得很多成效，具体内容如下：

①出货作业时间缩短 10%
②误出货率实现 0.001%
③物流成本降低
④品检业务"非熟练化"

■ 出货检验系统的定义

那么，条形码检验究竟是什么？

简单地讲，不是作业人员利用目视判断商品是否正确，而是使用条形码，通过在机器上判定数字数据后查验商品。
标准操作步骤如下：用遥控机器读取商品的条形码之后，在
电脑上确认是否与出货申请数据匹配。

这是一种操作简单高效的系统，所以才得到了广泛普及。

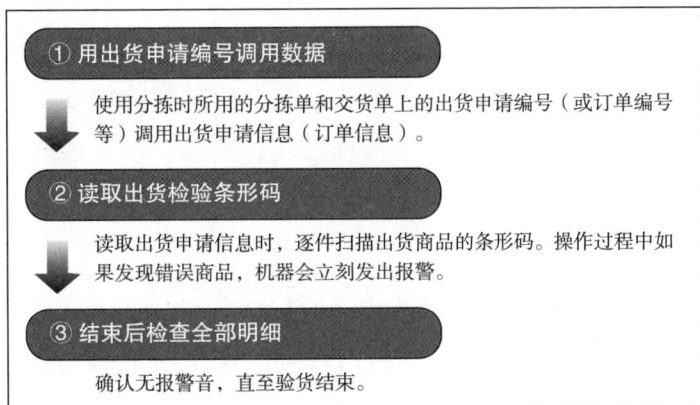

① 用出货申请编号调用数据

使用分拣时所用的分拣单和交货单上的出货申请编号（或订单编号
等）调用出货申请信息（订单信息）。

② 读取出货检验条形码

读取出货申请信息时，逐件扫描出货商品的条形码。操作过程中如
果发现错误商品，机器会立刻发出报警。

③ 结束后检查全部明细

确认无报警音，直至验货结束。

图 5-1　条形码出货检验系统的操作步骤

关键词

条形码　纵向排列的线形标识符。常见的有 JAN 码（日
本）、EAN 码（欧洲）、UPC 码（美国）等。物流行业常
用的条形码有 ITF 码、NW-7 码等。

42　个体管理 WMS（仓库管理系统）

从消费者权益保护的视角来看，基于个体管理的可追溯
性同样受到关注。

■ 案例企业概况

回购网店（recycle online shop）是一种以互联网为媒介从事商品回购贸易和销售的行业模式。近年来，随着商品回收热潮的兴起，回收市场不断扩大，有意进军回购网店的业者越来越多。但是，受进货交易和销售价格定位难，从商品注册到正式上市销售阶段的手续繁杂，商品状态等因素的影响，即使同一品种的商品，考虑到进价和销售价格变动等因素制约，也需要具备一定的操作技巧，所以，涉足该行业门槛高是其重要特征。

■ ID 管理中对"个体"的认识

进行交易时，第一步，用户在互联网上申报待销商品，同时注明要求最快在次日上门取货，几天后在该网站确认交易金额。

物流中心的进货区设有查验标志线，在这里依次排放着由宅配送送达的交易商品。

送到物流中心的商品必须立即接受检查，并向客户提示交易金额，所以形成一套在数据库中注册经审核的数据，在网上同步反映交易金额信息的机制。基本上客户交易能顺利完成，查验结束后商品立即以待售状态归入储位，接到订单后立刻安排相关人员做好出货准备。

在查验进行的同时，还应在商品上贴 ID 标签。

回收品的特性是：即使同一种商品，商品状态也存在一定差异，因此，作业人员应清楚认识 ID 管理中的"个体"。

货品从送达物流中心之时开始进行 ID 管理，这样可以做到库存精准化管理及有效的出入库管理。

如果在数据库中使注册日期和 ID 编号之间构成关联，就能实现系统对物料单位先入先出的自动化管理，还能通过 ID 编号追溯商品在物流中心储位间的移动情况等。

■ 按照与出货业务相同的操作流程处理退货

进行商品入库上架作业时，作业人员在用无线手持终端扫描商品 ID 编号后，与空置储位构成关联，工作就完成了。在该例中，通过自由座（Free Location）方式管理储位，使商品入库作业轻松省力。 数据库中的入库信息除储位编号外，作业人员可同时检查商品的移动状态和日期，从查验工序到入库上架工序，再到入库正式完成都受到严格管理。

作业人员通过 ID 单位管理作业进度的原因由退货业务可见。 商品回收交易不成立时，商家必须将交易商品返还给客户。 这也是回购网店的特征之一。

到回收交易正式完成一般需要经过几天时间，物流中心在交易形成的同时一直负责保管商品，所以，物流中心需要对所保管的商品进行与出货业务相同的分拣和退货作业。 如上所述，按照与出货业务相同的操作流程处理退货时，可以实现高效业务运营。

129

■ 出货检验作业

一般情况下，当一次进行大批量订单分拣时，后工序承担的按订单分类进行的分拣作业会非常复杂。这时可以采用ID管理方式，即通过个体管理在计提时间的同时确定顾客和商品，只需扫描ID编号，就能迅速锁定客户。

对客户订购的单件商品进行分拣时，出货检验作业的操作方式不是根据顾客信息导出商品，而是根据商品核销顾客。

以回购网店的方式销售商品时，虽然商品上附有交易明细单，但交货单打印作业在出货检验工序完成，作业人员在扫描商品的同时打印品检和交货单，这种方式能有效避免作业人员混淆交货单和订购客户。另外，还省去了人工核对分拣单、交货单和发货单的作业。

对客户订购的多件商品进行分拣时，首先，按订单分类在购物车上进行分拣，在简化分拣作业的同时迅速转入下一道工序。同样，次工序的品检作业线也分为两类，一类是单件分拣，一类是多件分拣。相关人员按各种品检方法具体设计，以提高作业效率。

此外，人们根据回收品的特殊性设计了一种替代品计提功能。具体作业如下：商品实物存在，但是，如果作业人员在出货检验工序发现数据库中无对应信息，或发现商品损坏、污染等质量问题，已经完成分拣的商品必须暂停出货，由作业人员重新检索同一品种的其他商品并替代，之后重新分拣。在这个过程中，作业人员只需要扫描商品ID号后对应顾客和替代品，替代品出货指示就能轻松完成。 这种方式不仅能有效保证服务品质，还能迅速完成出货业务。

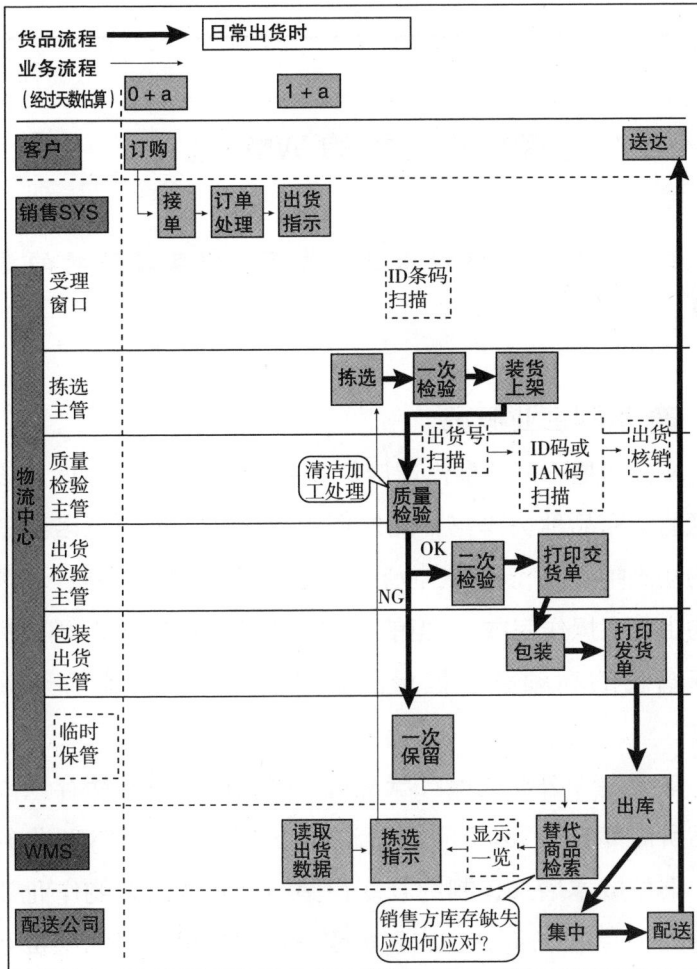

图 5-2　个体管理 WMS（仓库管理系统）

43　支持仓库管理业务的 WMS

利用数据对物流现场进行管理，以实现现场的意识变革。

■ 案例企业概况

A 公司是一家从事代理店等商品目录销售的企业。该公司经营的商品种类丰富，此外还拥有一个对客户承诺当日发货的物流中心。该物流中心未引进仓储自动化装备，现场作业均由人工操作完成。当前，物流中心面临的课题是：解决不断增长的高频率小批量出货需求和提高在库管理的精准度。

笔者对 A 公司的库存状况进行分析时，发现库存量高于正常所需库存。这个问题导致物流现场的库存管理业务繁琐，维护成本增加，制约仓库存储空间，成为影响作业效率的原因。另一方面，物流现场因缺货问题导致紧急出货处理多发，而且完全没有考虑客户的订购需求和物流中心配置以及作业方法之间的关联，使生产经营的效率受到制约。

132

■ 作业的非熟练化和省力化

首先，保证作业精准度维持在一定的水平。 在此基础上，把作业的非熟练化、省力化作为目的，采用条形码对物流中心的商品进行统一管理。 虽然大部分商品上贴有 JAN 码，但也有一部分进购货品上没有贴标签，对这些无标商品可以贴店内码。

这种店内码与到货预定数据之间构成关联，对当日新到货品中未贴条形码的商品，物流中心一般提前根据预到货比例打印所需标签，当物品送达时贴到商品上。 对贴有店内码的商品的到货处理一般采用这种标签品检法，在对照预到货量的基础上打印标签，这样可以实现作业的省力化。

其次，关于分拣方法，一般根据商品的出货量顺序采用 ABC 分组法。 纵轴是出货量，横轴是商品项目，累计构成比例用图表形式描述，根据图表趋向判断结果是超集中型、标准型还是分散型，最后选出作业者最短线路的分拣类型。

传统订单分拣方式以一个订单为单位进行分拣，按操作者的熟练程度不同，路线的距离存在较大差异。

因此，按订购趋向选择符合一定标准的集合体作为一个分拣单位，对路线最短的分拣顺序实施程式化管理。 在出货工序中通过排除单证混装，接单登记后，将业务流程改为即时分拣，以减轻即日发送的负担，在出货检验中采用条码检验。

■ 使用库存指标对商品配置进行定期维护

库存分析功能可以确认适量库存、安全库存、余量库存

133

以及潜在缺货商品等与库存相关的各类指标。 另外，还能按分类目录、ABC 级别、任意分组等对商品进行分类。

根据历史出货记录虽然能够计算出库存指标，但 A 公司把这项指标用于对商品配置进行定期维护上。 出货频率高的商品储放于距离作业场所近的位置；时令商品参考去年业绩；新商品则根据单月销售业绩决定，根据数据把握货品走向，并在物流中心的运营状况中反映出来。

此外，对库存量多的商品，根据库存天数在拣货区配备一周左右的库存量，其超出部分调拨至存储区，以缩短分拣时的步行距离。

区分上述拣货区和存储区的要点如下：虽然拣货区的分拣作业根据库存补充周期而定，但通过使用订购量波动指标决定分拣区的库存天数，可减轻补充的劳力和时间。

对流动性差的商品可以通过库存处理程式化、上报滞销商品、在遵循规则的基础上决定处理方式等迅速处理对象商品。

物流部门通过销售稽核掌握日销售和月销售情况。 通过上述措施，使员工在意识层次上认识到物流活动与销售额关联的重要性。

■ 分拣次数减少 54%
笔者在该物流中心引进仓库管理系统一年后进行引进效果评估，发现 WMS 重建后，月均出货作业时间减少约 20%，

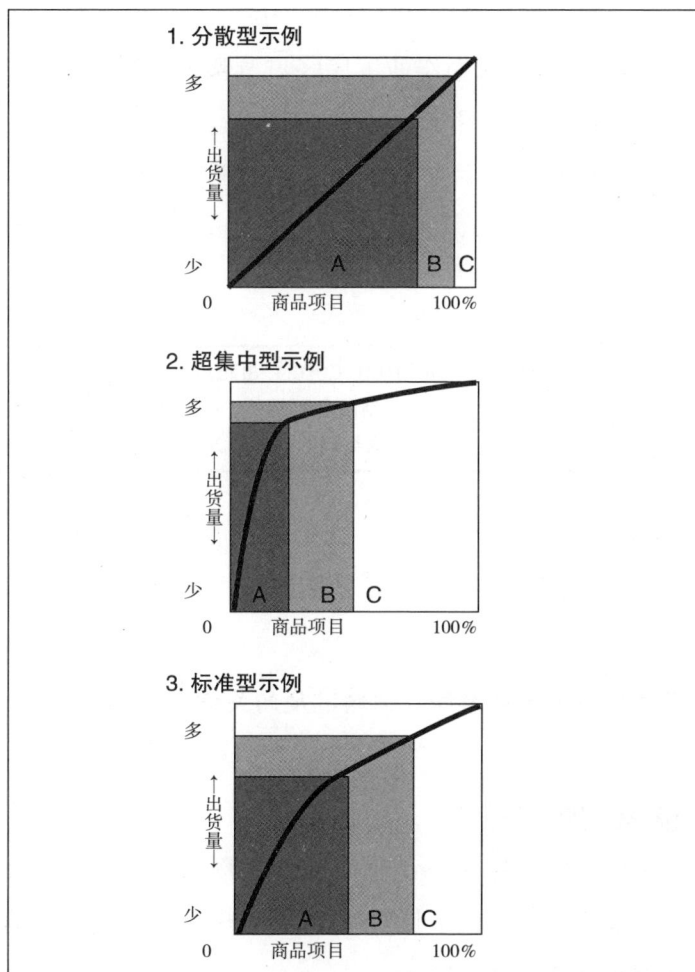

图 5-3 应用 WMS 的 ABC 分组

物流出货量明显增加。 与传统分拣方式相比，改善后的分拣次数减少 54% 是最大的因素。

另外，误出货率降至十万分之一的水平，出货精准度呈飞跃性增长。 这是因为作业工序经过调整，因贴错发货单和分拣错误所致的商品不符大大改善的结果。

在此基础上进一步应用库存分析功能，通过在社内会议上讨论库存状况，确认库存周转率已增加 1.4 倍，缺货问题大幅度减少。

> **关键词** 　　店内码 　（IN-STORE CODE）由超市等零售行业在门店内部自行编制并印制的条码标签。编码体系与 JAN 码相同，但是，对应国家编码的部分在 20~29 之间。

44　多品种效率化操作 WMS

同时提高生产效率和作业精准度的关键是 IT 化。

■ 案例企业概况

从事生产批发的 S 公司当前面临的物流课题是提高生产效率，降低成本，提高作业精准度，杜绝出货错误，通过提高库存管理精准度提高交货率。

S 公司经营的商品多达 32 000 种，物流中心面临保管空间不足和生产效率低下的困扰。 除定制品等部分通过型商品外，现在采用 DC（仓储型物流中心）模式保管很多的普通商品。 商品的保管形式分为包装箱保管区、散货保管区、存货

136

区三类，以提高仓储率和作业效率为目的配置。

拣货类型一般分为两种：按定制品分拣（一次性向顾客
交付订购商品。 客户对象是交易额较小的顾客）和总分拣
（交易量大的客户，商品直接送到连锁门店，分拣后按店铺
进行细分）。

■ 生产效率低下导致库存精准度低

对该物流中心生产效率低下的原因进行调查后发现： 受
每位顾客的具体要求和个例规则等因素影响，作业过程变得
极其复杂。 对应各客户业务有固定的作业人员配置，物流中
心经理希望通过提高作业整体的操作熟练度达到提高生产效
率的目的。 另外，因商品转运产生的重复作业和保管空间不
足导致作业停滞等也成为生产效率低下的诱因。

接下来，对该中心的库存状况进行实地调查后发现差异较
大，物流现场分拣时缺货问题频频发生。 这是因为作业人员通
过目视检验，虽然缩短了作业工时，但对于总分拣的对象客户
的货物，在细分作业后没有进行品检，结果导致出货错误。

再进一步，到货和出货时以数量不足为由修改单证成为
常态化现象，人员交接过程中频繁修改系统数量，最后发生
错误。

随机抽查上述问题后按工序、课题等项目进行整理，结
论如下：生产效率低的因素影响库存精准度低的因素，库存
精准度低的因素反过来又会影响生产效率低的因素，二者互

相影响并呈螺旋式下降。

■ 制定改善方案

根据抽样问题点进一步对原因进行细分，针对特定原因探讨今后的改善方向，结果得出以下关键词。

①非熟练化 ……建立无须思考、无须寻找、一目了然的现场

②业务数字化……引进业务系统，提高作业精准度和生产效率

③业务简单化……重建业务流程，修订操作内容

④业务流水线化……作业分工，避免货物停滞

⑤彻底落实出货检验……更新省略的品检作业，在最终工序彻底落实出货检验

⑥引进数字品检……为了使因人为判断引发的失误或误认等现象减少，在最终工序进行数字品检

改善条件是通过提高作业生产效率和作业精准度构建物流中心运营。提高生产效率和精准度之间存在权衡（trade-off）关系，为做到二者兼顾，企业必须进行大幅度业务变革，并在物流现场开展消除浪费的活动。

在这种权衡关系成立的基础上，最关键的瓶颈问题是以当前总出货作业时间为标准，缩短之前以减少作业工时为目的，在细分作业后没有实施的出货检验工时。

138

■ 统一分拣方式，探讨业务流水线化

商品阵容主要分为"摘果式"和"播种式"两大类，S 公司也在综合运用这两种方式的基础上，根据顾客类别建立不同的分拣方式。 为进一步简化业务，在出货作业时抛开顾客界限统一分拣方式，进一步探讨业务的流水线化展开讨论。分拣单位也按商品单位集中后进行拣选。 通过从"播种式"向"摘果式"的变化来缩短作业时间，并确定在最终工序引进数字质检。

关于作业场所的配置，决定在包装线附近根据当日出货量设置临时储位，按商品分类完成总分拣后在临时储位上配置商品，并通过无线手持终端在临时储位和商品之间建立关联，等商品集中后根据订单开始分拣，在检验线用无线扫描设备进行最终出货检验。

从传统出货作业方式向新业务操作流程转移时，在试点生产效率的过程中，为掌握传统作业生产效率，应在观察各单证作业的开始时间和结束时间、调查作业量的基础上，测定单行分拣时间和单次门店细分时间的样本数据，将该平均值作为标准时间（但是，因特殊出售商品的关系以及新手操作引发的生产效率低下除外）。

■ 误出货大幅度减少和库存差异改善

运用该法验证的结果如下：与现状相比，作业时间缩短20%。 此外，利用条形码引进数字质检已作为新流程方案采

用并引进。

在业务流程方面，S 公司从根本上进行了大刀阔斧的改革。为引进新业务流程，按照运行测试→通过部分定制实施调试运用→正式启动的顺序分三步进行，在各阶段重复 Plan-Do-Check-Act（PDCA）的过程，有效避免了引进新业务同时可能引发的混乱。

表 5-1　通过 WMS 提高分拣效率

	订单单证日期	总分拣		单一订单拣取		其他分拣			
		分拣行数		分拣行数		分拣行数		合计	
现状	20061211	3401		3394		2617		9 612	
	20061212	16		1721		259		1 996	
	20061213	1046		49		116		1 211	
	20061214	497		3884		718		5 099	
	20061215	43		210		80		333	

	订单单证日期	总分拣		单一订单拣取		其他分拣				
		分拣行数	改善效果	分拣行数	改善效果	分拣行数	改善效果	合计	改善效果
改善后	20061211	2408	29%	1647	51%	1641	42%	5 696	41%
	20061212	16	0	1190	31%	250	3%	1 456	27%
	20061213	1024	2%	44	10%	101	13%	1 169	3%
	20061214	455	8%	1510	61%	676	6%	2 641	48%
	20061215	37	14%	186	11%	78	3%	301	10%

S 公司引进新业务流程的效果如下：误出货大幅度减少、

误出货所致的库存差异也得到改善。

关键词 **权衡** 追求一方必然牺牲另一方的状态关系。在权衡状况下，必须综合考量各方面的长处和短处。

---

45 批发厂商的订单支持系统

缩减库存从订购开始。 通过订单业务的 IT 化建立恰量订购的订单支持系统。

■ 停滞不前的订单管理系统化

缩减库存最基础的设想是"一切按订购进行"。 左右流通业利润的关键是库存最小化能否实现，这一点不言自明。 但是，大多数企业的订购管理并没有实现系统化。 订购的常规流程一般是工作人员一面盯着电脑上的数字，一面根据历史销售业绩的推移情况下单。 长此以往，随着近年来物品种类不断增多，其信息处理量大大超出订购人员的承受能力。

以某企业为例，该企业负责订购工作的有 2 人，由 2 人分担处理 8000 多种经营商品的工作。 2 人按商品范畴分开，每人负责 4000 种商品的订购管理任务。 按 1 天 8 小时工作制进行简单计算，平均每人每小时需要处理 500 种商品，1 分钟至少要处理完 8 种商品。 在这种高负荷状态下，不要说正确预测，他们甚至连冷静判断的时间也没有。

141

■ 用报警装置提示库存余量，提示订购时间

日本川正染工株式会社是一家集织染品和促销品于一体的生产批发企业。该社的主营商品是刀旗和企业标志，营销模式是目录销售，是一家从行业领军人发展起来的企业。

企业旗下拥有丰富的商品种类和库存，并以承诺即日发货的宗旨赢得顾客信赖，不久前，在向海外进军的过程中开拓了在中国本地化生产的业务，因大批量入库导致库存量激增。此外，受企业规模扩大和销售额增加等因素影响，企业库存量进一步攀升。

表 5-2　省略订购、提高精准度的系统构建要点

1. **视听化**……以简明直观为目的，采用图表进行形象化表达。
2. **重点化**……不可能由人工对所有商品项目进行判断。应有目的地选择重点，对需要判断的对象专门分配时间。
3. **变动订购点方式**……采用不定期不定量的订购方法，并增加订购次数
4. **可视化**……使库存情况和销售状况处于常态化可视状态
5. **明确责任**……负责订购的执行者身兼余量库存的责任
6. **库存分析师**……设置库存分析师，由其负责对库存转移等进行适当的处理，以减少库存损失
7. **提高速度**……缩短总时间（订购参考数据中的日期→交货·补充为止的日期），减少预测率

对此，由笔者担任董事的咨询公司向该企业提出"适量订购"的建议。为实现此目标，该企业组织专人设计开发，引进提高订购精准度的订单支持系统。

142

关于该系统的特征，首先，根据项目单位分析库存状况
计算适当的库存量。 其次，根据历史出货业绩、订购批次、
标准时间等对订购时期发出警告。 再次，要求提示过剩的库
存，对库存量进行改善。 从订购量确定到订单制作形成联
动，通过一连串流程的系统化管理使业务处理省时省力。

这样做有四点好处：库存周转率平均提高 1.6 倍，缺货问
题大幅度减少，业务处理省时省力，现金流得到改善。

用现场主管的一句话来概括，就是："可实时掌握商品流
动的历史数据，另外，能对订购预测所需的必要库存指标进
行确认，有助于完成预期订购，提高了订购精准度。 现在，
物流中心能保证 A 线商品的适量库存，在库管理非常稳定。
另外，企业内部的报告资料和订购单制作更加快捷，处理业
务也更加省时省力。"

关键词 　库存周转率　表示一定期间（例如：从期始到期末）内
商品库存周转次数的指标。库存周转率 = 一定期间的出
货量/平均库存量。

46　利用一体化单证的出货系统

通过利用一体化单证的出货系统成功防止送货错误。

■ 因核对作业简化导致（?）的误出货

物流发货时，绝不允许发生配送人员搞错送货地址的情

143

况。 但是，与物流行业对"送货地址错误"一词描述的情况相同，出货商品本该送往某送货地，却被配送人员阴差阳错地送到另一个送货地址，结果发生送货错误。

一般情况下，邮购公司等的送达方是个人客户时，交货单上会记录顾客的相关信息。 在个人信息处理越来越严格的今天，只要这个送货地址中有一处不符，就可能造成很大问题。 当送达方是企业时，情况也大同小异。 如果交货单上额外备注价格，结果很可能火上浇油！

即使作业人员严格遵循正确的商品和数量进行包装，如果送货地址错误就没有任何意义，结果只能导致重大索赔。

发生这种问题，绝大多数原因是包装箱上的货签贴错了。 为什么货签会贴错呢？ 因为作业人员在核对货签和包装箱的过程中因混淆引起失误。

大部分物流现场的常规操作流程是在作业开始前印制分拣单、货签和交货单，之后经人工逐一核对，最后，作业人员用回形针或订书机等把单证订在一起。 在这种核对作业的过程中存在出错的可能性。

为什么？ 因为在受时间限制的物流一线中，作业人员只检查送货地址等检查内容的简化是司空见惯的事。 这就是没有人发现错误的原因之一。

■ 通过核对作业强化检验体制
按理说，作业人员进行核对时，不仅要检查具体送货地址，还要确认地址所在的"市"级行政区划是否正确。 例如，"东急手创馆"集团旗下的分店除东京"涩谷区"以外，还有一家分店位于大阪府"吹田市"。 通过核对"市"级行政区划，能有效避免配送地址出错，在提高作业精准度方面也是必需的。

开始核对时，不是一口气检查到底，分类进行是一种有效的方式。 可以按照每 50 或 20 个为一组的方式，人工核对分拣单、货签和交货单，认真检查各组的首页就可以了。 此外还有很多方法，但这种方法绝对可以避免出错。

这种应对送货错误的对策通过单证核对作业强化了检测体制，很多企业规定在开始包装时，由作业人员重新检查一遍交货单与发货单是否匹配，以此避免错误发生。 但是，如果现实情况下，作业人员在检验工序耗费的时间太多，必然会对作业日程整体产生影响。 所以，企业大多通过配置熟练工的方式保证精准度和速度，此外，使用无线终端检验的例子也很多。

■ 一体化单证是什么？

简单应对送货错误的对策之一是利用一体化单证。

一体化单证，是一种集货签、交货单和分拣单等于一体的单证，也是一种可以省略核对作业的物流单证。 企业引进这种单证的效果是彻底杜绝了因单证核对导致的错误。 另外，因为省略核对作业，继而缩短了操作工时。

145

建议相关人员向经营账票产品的印刷企业咨询，这类企业通常备有各种不同名目的单证；另外，还可以考虑向销售人员听取有关单据设计等方面的建议。

但是，使用一体化单据不仅要经过配送公司关于货签使用的审批程序，还应在系统上做出调整，保证交货单上打印所需的信息。各配送公司和 EDI 等配送信息进行交换时，应在各配送公司单证规格的基础上完成一些条件。

由于从零起步构建这种系统耗时耗力，企业可以从自身状况出发，委托具备相关开发资质的软件公司进行，同时，与配送公司之间协调沟通，这样才能确保进展顺利。一体化单证本身必然产生成本，企业应认真考量效益费用比，在此基础上对系统的具体引进方式反复展开讨论。

■ 其他方式

另外插一句题外话，作业开始前应停止印制分拣单、货签和交货单等单证，在所需的时候印制所需的各种单证也是方法之一。为实现该目的，除了更新系统，还要改变业务流程，通过熟悉系统的物流咨询顾问等外部力量的协助。

采用上述方法，送货错误问题一定能得到有效控制。

关键词 **个人信息** 个人信息如姓名、性别、出生年月日、住址、职业、年收入、家庭成员构成等内容。一般来说，通过其中任意两项内容锁定某人时，就是个人信息。

146

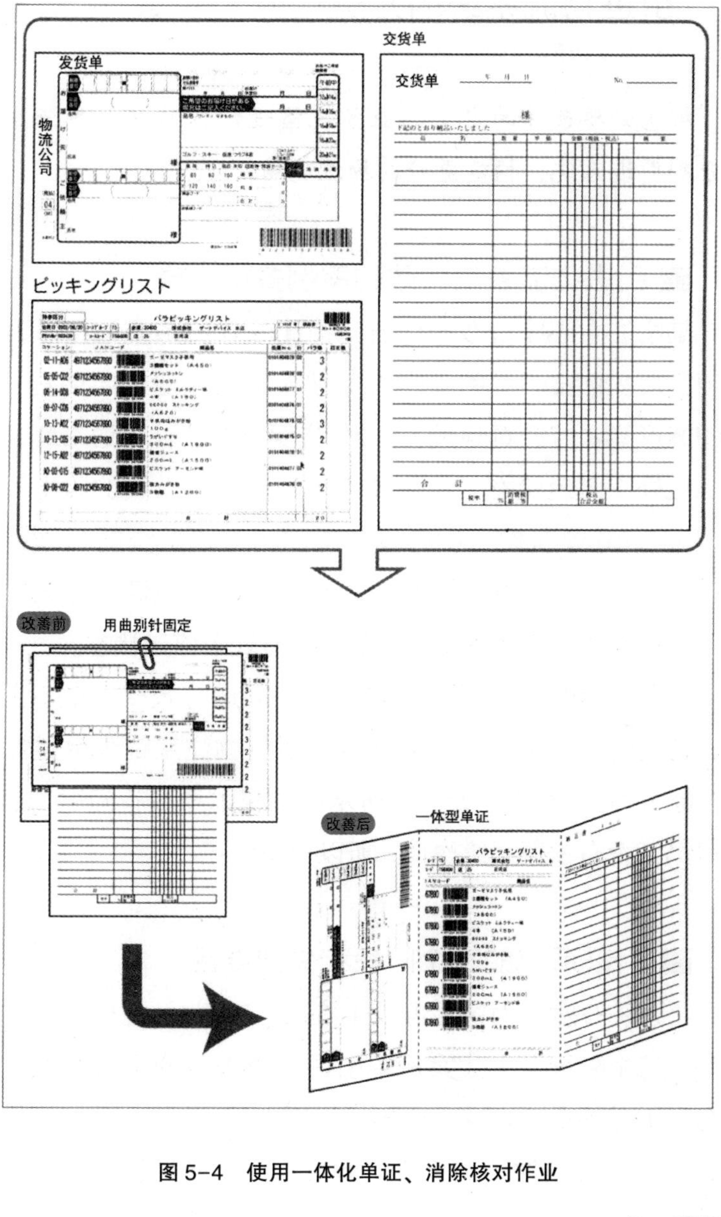

图 5-4 使用一体化单证、消除核对作业

47 引进物流系统的方法

按①必要条件的定义②业务规格设计③系统开发三个阶段分别引进系统，构建更好的物流现场。

■ 引进物流系统失败的案例多得出奇

某物流中心斥资数十亿日元构建的物流系统被彻底弃置不用，很多物流一线的工作人员被人工作业追得团团转，这样的情形笔者曾经看到过。 其物流现场的运输传送带和自动分拣机处于停运状态，作业线路混乱，工作人员的脸上写满疲惫。 当笔者向物流中心经理询问"这些系统的故障是什么"时，却了解到问题不是出在系统，而是现场工作人员能力不足，掌握不了系统操作，所以设备处于停运状态。

企业引进的物流系统没有达到预期运行效果、派不上用场，甚至处于停运状态，这种企业引进物流系统失败的案例之多让人着实意外。 如上例所示，系统本身没有问题，而是一线员工没有掌握系统操作，所以设备停运。

■ 引进系统的三个阶段和失败要因

将系统开发分为 ①必要条件的定义②业务规格设计③系统开发三个阶段，上述案例中引进系统失败的主要原因可以归结为①②的企划内容不充分。

在①必要条件的定义中，业务运用的条件设计不充分，

148

实际使用部门未参与，课题解决延后等，相关人员对系统企划所需的必要条件没有进行充分探讨就匆忙转入下一阶段，结果导致问题发生。

为了在实际业务中落实案头计划，相关人员必须征询物流一线员工的意见，结合商品的具体形状·尺寸·重量等"物"的条件；仓库通道和作业场所等空间·操作率影响的作业等"流"的条件；高峰时发生的商品的"量"的条件等，在此基础上进行企划。

在②业务规格设计阶段，存在当规格迟迟未决、现行业务分析不充分等问题暴露出来后，系统设计停滞不前，在课题没有得到解决的状态下就转入系统开发阶段的问题。

重新回顾并确认整体流程是物流现场设计的基本思路。应确认"不思考"、"不采纳"、"不迷惑"、"整理"、"整顿"等基础事项；接触商品的次数是否控制在最小限度；终端的输入次数和输入项目是否控制在最小限度；系统是否具备顺利处理出货指示变更和追加等处理能力……一并纳入重要讨论项目。

关于物流现场，必须对系统、人员和空间的兼容性及关联性进行充分考虑。

此外，还有一类常见的失败案例。 在这类案例中，企业引进物流系统的最初目的不知不觉间变成了"引进物流设备"。 不可否认，物流设备厂商和硬件厂商中存在向客户推荐其自营商品的倾向。 所以，从第三方立场提议或邀请经验丰富的咨询顾问参与也不失为一种方法。 但是，企业外部人员不可能像企业项目组一样理解和掌握企业自身的实际情况，因此，企业自主设计、企划是必需的。

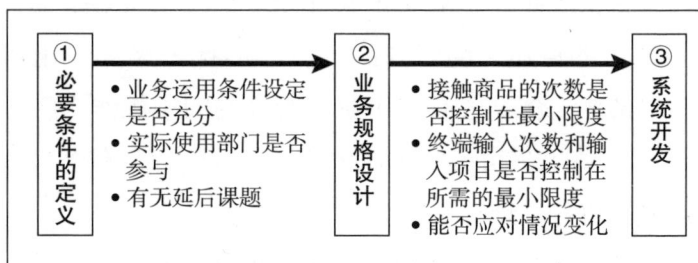

图 5-5　引进系统的三个阶段

关键词　**阶段**　与项目整体相比，以更小的期间、规模划分项目的单位。各阶段进一步细分为 Activity（中间工序）。

48　物流企业的 IT 化

强化营销能力和物流现场力，提高提案能力和生产效率。

■ 必须应对多品种小批量商品

物流企业周边的环境变化日趋显著。 随着托运人的要求提高，外包范围拓宽，物流企业必须应对的变化不断增加。对托运人来说，最理想的物流公司不仅能提供一站式服务，具备高品质服务水平，还能承运多品种小批量商品。 对物流公司而言，强化营销能力和一线执行力二者缺一不可。 物流公司是否具备小批量承运能力、是否具备提高生产效率的专业技术知识，对企业收益的影响巨大。 只有获得企业内外的有力支持，并满足上述条件的企业才是有希望的企业。

针对上述环境变化，物流企业开始把着眼点放在两个方面，一是"提高提案能力"，二是"提高生产效率"。

■ 提高提案能力

企业应通过组成选拔小组，开展难度较高的提案活动，聘请外部讲师集中进行内部培训等强化提案能力。 在此基础上，为强化系统提案能力，邀请经验丰富的咨询 SE（系统工程师）参与从系统设计到引进的具体业务指导。

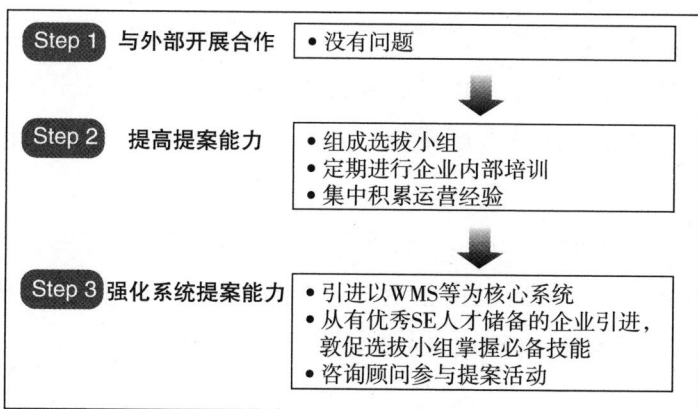

Step 1 与外部开展合作	● 没有问题
Step 2 提高提案能力	● 组成选拔小组 ● 定期进行企业内部培训 ● 集中积累运营经验
Step 3 强化系统提案能力	● 引进以WMS等为核心系统 ● 从有优秀SE人才储备的企业引进，敦促选拔小组掌握必备技能 ● 咨询顾问参与提案活动

图 5-6 掌握系统提案能力

151

为应对托运人提出的一站式服务要求，提案的范围应涉及方方面面。 物流企业应致力于在各部门内实现高水准的业务操作活动，以此向托运方展示自身的外包特色。

为完成高水平展示亮点的现场提案，企业应将业务系统化作为重要的宣传点，在此基础上开展外包承运活动。 这时，由于客户可能提出追加许可的要求，物流公司应敦促有资质的咨询顾问 SE 随行，以提高系统提案能力。

■ 提高生产效率

必须在业务设计阶段针对业务的生产效率展开充分讨论。 如果只简单地根据自身业务现状总结开发需求，将结果原封不动地交给系统开发公司委托其开发设计，之后立刻引进，反而可能导致运营成本增加。 接触商品的次数是否控制在最小限? 终端输入次数和输入项目是否控制在最小限? 出货指示变更，追加处理是否顺利等物流业务与系统之间关系密切，必须充分考虑系统、人员、空间之间的兼容性和关联性。

引进系统经验丰富的物流咨询公司通常以其他企业的案例为参照，具备衡量企业生产效率的技术诀窍，因此，从系统设计阶段开始，建议企业邀请外方参与指导。

关键词　**评价指标**　通过与其他企业的优秀业务运营模式对比，认识和发现企业自身的实际水平，在改善活动中活用的方法。关键是生产效率和作业精准度。

152

49　WMS（仓库管理系统）

随着 EDI 和 SCM 的普及，企业引进 WMS 的市场需求日趋增加。

■ 从库存管理到仓库管理

WMS 是英文 Warehouse Management System（仓库管理系统）的缩写，过去常用"库存管理系统"一词表述；现在根据面向的对象企业是物流公司还是批发公司等行业类型划分，也有按企业经营范围等标准划分的方法。 WMS 的价格不一，从"10 万日元上下"、"200 万日元上下"到"2000 万日元上下"，不同的价格段分别对应具有不同代表性的软件。

"库存管理系统"最初只是一种对库存进行简单管理的系统。 在没有电脑的时代，库管人员使用仓库台账管理库存；财务人员通过会计账本记录出入库和掌握库存余量（现有库存量）。 随着电子计算机的出现和普及应用，作业人员在电脑上进行上述操作就是"库存管理系统"。 随着这种系统的性能提高，包括储位管理和物流设备管理等在内的就是"仓库管理系统"，即 WMS。

企业引进 WMS 时需要注意两个问题。 第一，应用 WMS 的对象行业有适合和不适合之分，WMS 不是万能的。 第二，即使系统性能提升，仍然需要对生产效率是否有实质性的提高进行验证，还应聘请技术顾问对现场进行改善。

153

现在，日本国内 WMS 的发展方向是与核心系统结合或关联。 高价位的 WMS 已经增加了应对或应对系统的数量，另外，企业开始以 WMS 为核心纳入物流管理系统。 TMS（运输管理系统，参见第 51 节）作为 WMS 的辅助系统投入实际应用。

■ 用低价位战略扩大市场

据从事制造业、物流业调查的美国 ARC 顾问集团（ARC Advisory Group）调查指出：在美国，引进 WMS 的中型企业的数量远远超过大型企业（美国 ARC 顾问集团是一家专注于工业领域的咨询公司，为客户提供市场、技术、运营和战略咨询服务。——译者注）。 日本的情况也如出一辙，为应对中型企业需求不断增加的变化，现有 WMS 供应商正将注意力转向低价位市场。

另外，经 ARC 顾问集团预测：2004 年，WMS 在世界范围内占据的市场份额只有 10.67 亿美元；到 2009 年时，估计将超过 13.39 亿万美元。

为什么企业引进 WMS 的市场需求不断增加呢？ 这当然是 EDI 和 SCM 的普及带来的结果。 在此之前，数据处理通常在企业内部进行，企业安排时间和人力物力等从事这项工作。 但是，随着物流和 SCM 管理使物流功能实现合理化，客观上要求数据处理必须更快。

结果，之前独立运作和承担作用的库存管理系统和分拣系统被归入管理物流中心整体的 WMS 系统之下。

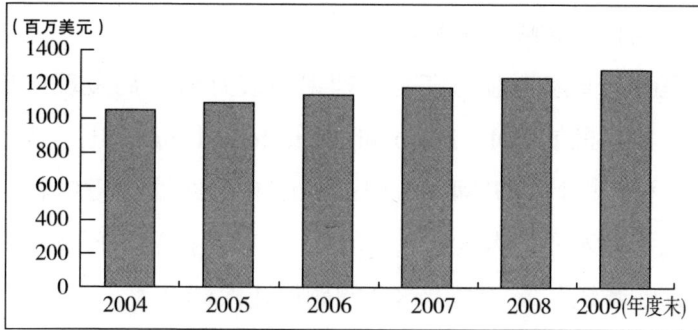

图 5-7　WMS 软件·服务的世界市场推移

关键词　WCS （仓储控制系统，Warehouse Control System）以高效、高利用率运行物料搬运设备群为目的的物流中心自动控制系统。

50　订购系统

所谓订购系统，不只是单纯发出订购信息的系统，该系统主要由四个部分构成。

■ 分为四个部分

订购系统一般指接订单和下订单两个方面，接订单有时也被称为"EOS 订购"。

155

订购（order）一词在接订单和下订单两个方面是通用的；与此相同，订购系统到底是指接订单还是下订单，让人摸不着头脑的时候可能很多。

笔者对多家企业的订购管理系统展开调查后发现：有人把自动传真机或 EDI（Electronic Data Interchange，电子数据交换，一种借助计算机网络、电话线或专用线路接行信息交换的方法）称为"订购系统"，但是，也有人把需求预测系统称为"订购系统"。 于是，这个问题更让人糊涂了。

下面，笔者准备通过图表对该系统进行分析处理，具体内容分为四部分，将分别对各部分进行说明。

①订购信息发送系统

在四个部分中，普及率最高的子系统是这种订购信息发送系统。 订购业务属于电子化建设相对较晚的领域，现在仍有很多企业使用电话或传真等传统订购方式。

客户向哪家供货商（vendor）订购，订购什么商品，订购件数是多少等订单信息的系统是 EOS（电子自动订货系统），它是以接单、下单业务的省力化和提高精准度为目的推广普及的。 之后，随着互联网的普及，网络 EDI、EB-EDI（把照片等资料上传到网上的操作，类似操作也能上传 EXCEL 等数据资料）、XML-EDI 和电子邮件 EDI 等先后登场，在此基础上，简单廉价的 EDI 系统构建正式形成。

客户通过 WEB-EDI（网页电子报文）平台下单时，只需

156

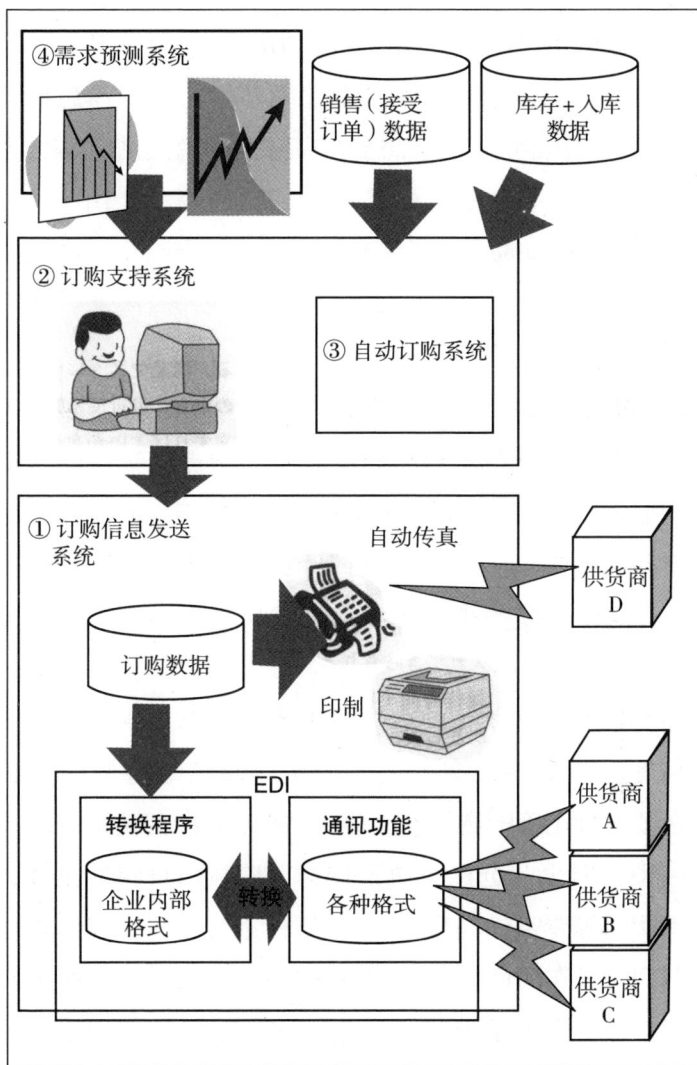

图 5-8　订购管理系统整体图

发送订购数据即可。 但是，随着应用方法的升级，当交易双方通过互联网进行电子数据交换（EDI）时，又出现了一种在订购方发出订购数据后，在其企业内部核对库存信息后反馈交付期的操作机制。 而且，当客户订购的商品从订购方的物流中心出发时，有时还会发给客户一个预先发货清单（ASN，Advanced Ship Notice）。

②订购支持系统

订购支持系统只是销售管理系统功能的一个组成部分。过去，该系统仅具备向商品控制设置订购点通知订购时间等初级功能。 近年来才开始进行需求预测分析，并逐步发展成一种具备自动判断企业应该选择什么样的供货商，订购什么商品，订购件数是多少，并自动完成长销商品等订购任务的系统。

面对当前应对多品种小批量市场需求的环境变化，随着业务难度不断提高，客观上要求企业除了维持低成本运营外，必须进行正确的选择和订购。 虽然销售套装系统的卖方企业很多，但企业选择引进系统时，应从自身特性出发，邀请技术顾问等专家参与设计。 如果什么也不做，就可能导致订购时间（操作时间、判断时间）延误。 另外，还有一点需要注意：企业引进系统时，订购处理量不能超过作业人员的负荷能力。

③自动订购系统

自动订购系统一般以与订购支持系统联动的形式引进，此外，也有长销商品等订货量稳定的商品发生库存余量显示不足时，系统能自动判断并提示及时补充多少为目的引进的案例。 为实现省力化，与作业人员目视查验全部订购品后确定订购量相比，区分由系统自动处理的商品和无法自动处理的商品无疑是最合理的操作方式。

④需求预测系统

应用移动法和指数平滑法（Exponential Smoothing）等具有代表性的数学算法进行需求预测，虽然不能保证预测精确度达到100%，但是可以通过各种方法得出大致的近似值，

关键词 ASN（Advanced Shipping Note） 预先发货信息清单。
将交货确认单提前发给交易方。可以省去商品检验作业
并提高作业效率。

51 TMS（运输配送管理系统）

TMS用于应对指定时间等具体需求和彻底削减成本的需求。

■ TMS 是什么？

TMS（Transportation Management System）是 JIT（Just In

Time，准时生产方式：将必要的零件，以必要的数量，在正好需要的时间送到生产线）中最具代表性的，从应对指定时间等具体需求，维持盈利性，彻底削减成本等需求为出发点设计的系统。

代表性的 TMS——"配送路线计划"和"货运车辆动态管理"（或位置信息系统）最为常见。 从当前普及的情况来看，既有融合这两种方式为一体的系统，也有根据大体划分的计划类、实务类、管理报告类三种衍生的系统。

■ 配送路线规划

配送路线规划是系统根据配送信息和商品信息自动生成最佳配送路线的方式。 各套装软件供应商通过应用自有模拟技术，能在地图上用不同颜色标记出最合理的配送车辆数和配送路线，还能根据指定时间等需求为客户提供模拟配送规划。

计划类有理货规划、配送路线规划等。 配送路线规划将"模拟"和"确定"的双重功能融为一体。

配送路线确定是一种由配送主管在系统模拟结果的基础上进行微调，以确定实际配送路线为目的功能。 路线变更等操作必须在对照甘特图的基础上对工作量进行调整，与此同时，作业人员应在移动鼠标 & 拖放操作等方面多下工夫。 配送路线一旦确定，下一步是在物流单证上打印配送信息，然后分派到各配送车辆。

160

■ 货运车辆动态管理

当下，与人们的生活越来越密切相关的 GPS 中具有代表
性的"货运车辆动态管理"是一种在地图上标出配送车辆位
置信息的系统。 随着该系统的实际应用，人们可以通过画面
判断配送车辆距离到达下一个配送点还剩多长时间。 例如：
冷冻食品等对配送时间存在限制，配送过程中一般会加入保
冷材料（冷冻冰块替代物）。 如果受交通堵塞等外界因素影
响导致送货时间过度延后，其商品价值将大打折扣。 为了避
免这种情况发生，有些企业会引进动态管理系统。

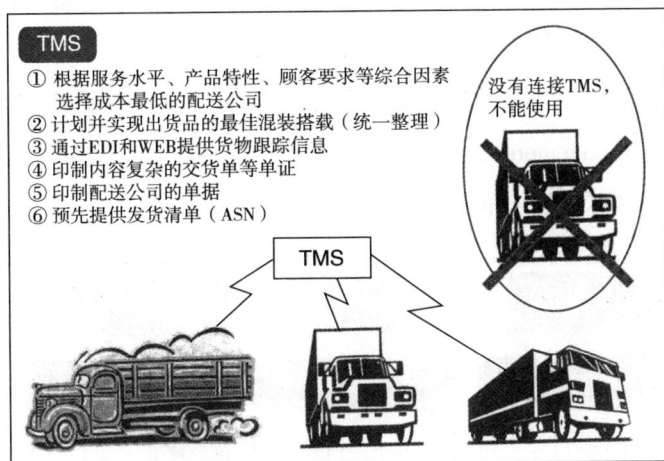

TMS
① 根据服务水平、产品特性、顾客要求等综合因素
  选择并成本最低的配送公司
② 计划并实现出货品的最佳混装搭载（统一整理）
③ 通过EDI和WEB提供货物跟踪信息
④ 印制内容复杂的交货单等单证
⑤ 印制配送公司的单据
⑥ 预先提供发货清单（ASN）

没有连接TMS，
不能使用

图 5-9 引进 TMS 的优点

关键词 **甘特图（Gantt chart）** 一种用于人员管理、作业管理
等的条状图。横轴表示时间，纵轴表示管理者配置、各
工序的任务开始时间、任务完成时间等信息。

52　CMS（成本管理系统）

CMS 可即时掌握合理成本，使物流现场的改善活动更加活跃。

■ 根据传统成本计算方式进行的成本管理

传统模式中对生产成本的掌握是在传统成本计算的基础上进行的。 管理者成本和保管成本等间接成本以发货方和产品为基准，按出货量和出货作业时间等比例配置，但这并不意味着比例高的发货方和产品其间接成本就高，反之，作业工序和作业整理等间接成本率呈下降趋势。 由于通过 CMS （Cost Management System、成本管理体系）可以掌握合理成本，其内容也趋于高性能化。

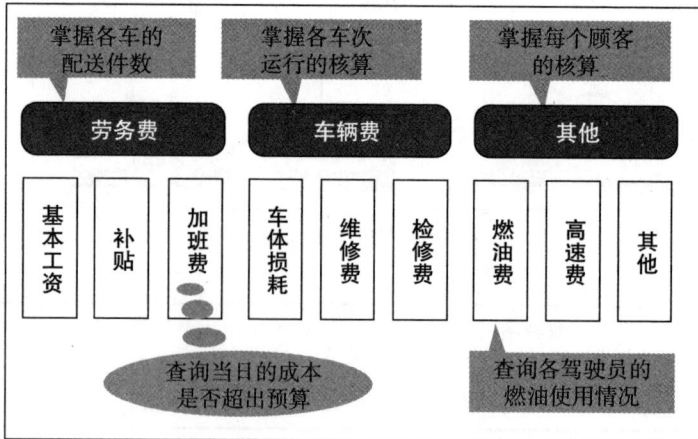

掌握各车的配送件数	掌握各车次运行的核算	掌握每个顾客的核算
劳务费	**车辆费**	**其他**
基本工资 / 补贴 / 加班费	车体损耗 / 维修费 / 检修费	燃油费 / 高速费 / 其他

查询当日的成本是否超出预算

查询各驾驶员的燃油使用情况

图 5-10　成本管理需求（配送科示例）

物流部是企业的成本中心，所以，以生产厂家为中心的这种成本管理系统作为企业自有系统被开发。 另外，大型物流企业必须涉及核算，所以，相应管理通过企业内部系统和EXCEL 等软件进行。

■ ABM 的进展

随着多品种小批量生产需求的出现，ABC（Activity Based costing）法思路和活用法在物流部门也呈增加趋势。 据统计：从 2001 年初起，多家企业开始在小规模范围内试点应用ABM（Activity Based Management，作业成本管理）的 CMS。

ABC 分析法可根据作业工序掌握成本情况，所以，与传统成本计算相比，作业人员能够掌握合理的成本。 另外，由于该法在分析降低成本方面具有一定优势，所以，在当今成本竞争的时代背景下，随着物流现场的改善活动越发活跃，各企业开始就 CMS 的引进问题展开讨论。

但是，掌握合理成本必然需要投入相应的人力物力，所以，不少企业仍处于观望状态，已经应用的企业也处于实验试点阶段。

现在，"配送成本管理系统"和"仓库成本管理系统"作为 TMS 和 WMS 的子系统已经在实际中得到应用。 由于 DPS 和无线手持终端等物料搬运设备引进相对容易，作业数据收集与装卸作业之间实现联动相对容易也是主因之一。

随着 CMS 在实际中的应用，使作业人员即时掌握合理成本配置成为可能。 与此同时，由于成本缩减分析简单易行，物流中心经理或配送科长等负责人通过将核算分析和差异分析等管理方法纳入日常工作，也从客观上对其提出提升物流管理业务能力的要求。

> **关键词** **成本中心** 直接产生经济效益的部门被称为"赢利中心"，不直接产生经济效益的部门被称为"成本中心"。企业一线部门等成本中心对经营成本负有责任。

53 PMS（生产效率管理系统）

PMS 使作业的生产效率可视化，使作业进程管理向非熟练化方向发展。

■ 物流的生产效率管理

引进上一节 CMS 系统的很多企业能同时掌握各作业工序的生产效率情况，这个过程就是 PMS（Productivity Management System，生产管理系统）。

所谓物流的生产效率管理，举一个例子，就是掌握一名分拣工在单位分拣时间内完成的工作量。 与此相同，掌握单位时间内各作业人员在检验和包装等作业工序中的处理量或整体状况。

即使没有引进 PMS 的企业也一样，在大多数生产一线

164

中，管理者都会根据当天的作业量进行大致规划，例如：分
派几名作业人员，预计多长时间完成作业……虽然管理者凭
借自身积累的经验和感觉做出的判断与分派方案大体吻合，
但是，此时他通常会竭力搜索记忆中关于历史单位处理量和
日均处理量等信息，并根据这些信息确定与当日作业量相匹
配的大致分派方案。

■ 生产效率管理技术

也就是说，把这种熟练的技术通过科学方式加以运用的
系统就是 PMS。 PMS 一般用于处理多品种小批量需求，是一
种借助自动化设备实现的应用方式，所以，采用无线手持终
端和电子购物车作业等人工应用模式的物流中心正在增加。

有过现场管理经验的人都知道，当实施路线计划（路线
计划，空间设计用语，指卖场或楼层的顾客回游性计划。楼
层的主要路线称为主路线，周边通道铺设的路线称为辅路
线。——译者注）时，如果没有接到系统发出的最短导线指
示，分拣工序会发生因作业人员不同，生产效率差异高达数
倍的现象。

物流中心的作业人员通过操作 DPS 或无线手持终端机进
行处理，可轻松掌握该员工单位时间内的拣货量。

通过实时掌握生产效率和作业处理量，还能掌控远距离
作业工序之间货物滞留或人员配置不足等情况。

各企业以"可视化"为重点在影像直观处理上加大投入

力度，作业进度管理呈现出非熟练化的趋势。

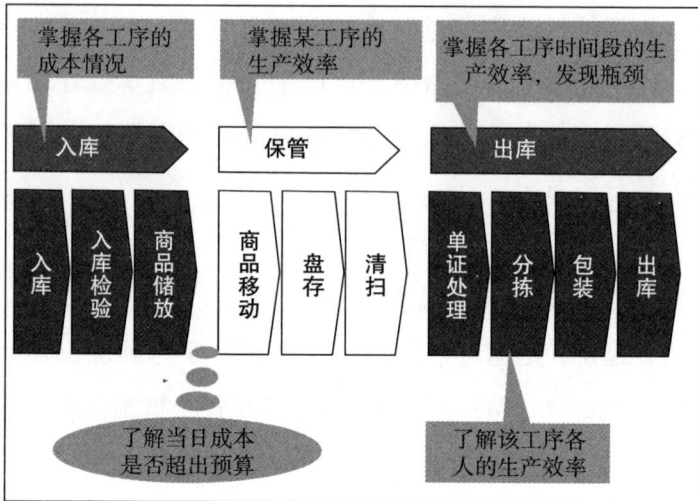

图 5-11 生产效率"可视化"需求（物流中心示例）

关键词

DPS（Digital Picking System， 摘取式电子标签拣货系统）一种根据物品分类在仓库储架上安装的数据显示装置，作业人员按该装置显示的数量拣货的系统。主要用于出库频率高的商品。

54 IC 标签（RFID）

IC 标签经过探讨应用可能性的阶段，已经在物流一线投入使用。

■ IC 标签是什么？

业界围绕 IC 标签的应用可能性展开探讨的热潮已经过去，现在，人们探讨的范围不再限于 IC 标签在实践中应用的可能性，已进一步扩大到实际应用方法和应用过程中可能碰到的问题。

其实，以生产厂家为中心，IC 标签很早就开始投入使用，并在实际中得到推广。但是，由于生产方法属于企业不便对外公开的机密，不要说看，连正在使用的消息也不会对外公开。

工厂为了追求更精准、更优质的生产活动，在原材料管理、生产线个体识别等环节引进了 IC 标签。

这是在企业作为辅助业务经过多年实证检验的基础上产生的结果。参与实验的人员通过多次反复试验，不但确定了在家电、食品等物流作业和航空托运件的理货作业中怎样应用 IC 标签最好等结论，还积累了大量宝贵的经验。

此外，能够开展常规实验的设施也开始陆续出现。在以日本 HP 和东京证券交易所等企业为中心设立的 Noisy 实验室（Noisy Lab，位于日本千叶县木更津）中，工作人员每天都在忙着开展实验。

现在，物流一线的作业内容早已超出实验范围。例如：在物流现场安装折叠式集装箱和滚箱式托盘（roll box pallet）；在传送带和出入库泊位读取和改写 IC 标签信息等追求物流作业效率的企业已经出现。

167

但是，即使 IC 标签本身不值钱（只值几日元），以防止标签损坏为目的加工或安装信号接收件等，累计算下来仍需耗费 20 日元甚至更多。 所以，从真正意义上看 IC 标签与降低成本之间没有直接关系。

过去，一提到"通过 IC 标签低价承揽物流业务"，或许很多人会想起一件因为从几家大型物流中心承揽业务，最终导致企业破产的案例。

IC标签是什么

日本经济新闻等日本报纸统一命名为IC标签，但专业杂志和国外命名是"RFID"（英文缩写Radio Frequency Identification），大意是"一种通过无线电讯号识别特定目标的通讯技术"。

IC标签的优点

- 能在短时间内完成验货（有时可瞬间完成）
- 能在短时间内完成盘存
- 可用于防盗
- 可用于判断真品还是赝品

IC标签的性能

- 能远距离调用数据
- 能从隐匿地点调用数据
- 能进行数据置换
- 无需供电（无源型器件）

IC标签的缺点

- 电波传导有时受阻（空间、水、金属等）
- 设备主机有成本
- 信号接收器有成本
- 需要安装，耗费成本
- 发生隐私问题（谁持有）。

图 5-12　IC 标签的优点和缺点

笔者在观察过一些企业的作业工序后，奇怪地发现无论从哪个角度考虑，似乎 IC 标签在实际应用中的效率都不高。

笔者接触到 IC 标签的机会较多，但发现在现实中组建高效可行的工序难度很高，现阶段应用 IC 标签的范围仍存在一定限制。

关键词　ORICON　折叠式集装箱的简称。特征是组装简便，可折叠，可轻松储放，多用于周转箱和保管箱。

专栏　对物流 ASP 的期待

从 2002 年起，随着 ADSL 的迅速普及和通讯成本降低，Application Service Provider（简称 ASP，应用服务提供商）在推进服务内容、形式等的同时广泛普及开来。这是一种预计今后也将继续保持增长势头的新型服务模式。

ASP 一词是指通过应用软件和互联网向客户提供服务的运营商。顾客把一些应用程序开发、更新和维护等运营管理工作外包出去，通过支付相应的租借费享受服务。其引人之处在于多方客户能同时共享服务器等软硬件资源和相关的运营管理，应用服务价格低廉。提供服务的运营商方面也一样，因为所有 ASP 客户应用的软硬件是同一个版本，这在很大程度上降低了升级等管理运营的负担。

当前，处于 IT 人才和资金来源不足，个人信息保护、突发灾害对策等需求越来越高的客观环境下，可以说 ASP 的利用价值很高。

ASP 提供的服务呈现出多样化趋势，例如财务、薪酬、生产、进货、物流等基础业务体系。统一该基础业务的方式是 ERP 和 SCM、企业之间交易时的 EDI、构建网站时的通过购物车进行结算功能等。

随着提供服务形式的多样化，ASP 在物流领域的应用也有所增加。中小企业在构建 IT 化进程时，可以投入相对低廉的价格引进过去因考虑价格因素不便购买的 WMS 和 TMS 了。

此外，大型企业在全国范围内设有多家物流中心网点时，应用 ASP 的领域也会随之增加。当购买套装软件或委托外部公司代为开发时，如果维持引进时的状态不变，不出几年，软件系统很快就会过时，而 ASP 独一无二的特征是，只要在现场稍加处理，就能更新软件功能。而且选择同一家 ASP 提供的服务，不但能轻松解决单据打印软件、EDI 软件等与其他企业产品之间联络合作的问题，还能从应用程序、服务、供应商方获得解决企业当前面临课题的建议方案。通过 ASP 针对邮购和服装等特定业务应用程序制定的个性化方案，企业还能共享新功能和操作标准。

ASP 不仅为客户提供应用程序，还提供基础设施和人力资源等组合服务项目。笔者所在的企业也对外提供物流 ASP 服务和物流外包等综合服务项目。

171

第 6 章
通过第三方物流拓展物流新空间

55 第三方物流是什么？

第三方物流具有物流规划、信息咨询、物流管理的能力。

■ 从作业委托到全盘委托

很多企业把部分物流业务委托专业配送公司、仓储公司、综合物流公司等外部公司承办。 这种委托方式属于"代行保管商品"、"代行配送 ××"等业务范围的委托模式。

但是，从特定业务需求衍生而来的外包已经逐渐超出业务范围，企业真正希望外包的对象正转向包括高水平提案和自主改善在内的外包。

这就是现场规划、企业战略咨询、物流公司管理。 具备这些能力的企业被称为"3PL"（Third Party Logistics，第三方物流）。

所谓 3PL 企业，是指全盘承运企业的物流业务，以物流合理化运营为目标，开展物流规划、信息咨询、对具备物流功能的公司进行管理的企业。换句话讲，就是"承担物流统筹部职责的企业"。现在，具备这种综合素质的 3PL 企业主要分布在欧美等地。日本国内的物流企业已经开始对国外物流公司展开研究并投入实际应用。

但是，大部分企业对 3PL 的界定仍然比较模糊。既有把从事配送和保管业务的公司定义为 3PL 企业的配送公司，也有把承揽全部库内业务的公司界定为 3PL 企业的人才派遣公司。

由于 3PL 承担"物流统筹部的职责"，所以，除仓库等设施外，对输配送、保管等物流五大功能均负有责任，必须以月度、年度等为单位对提升物流运营效率进行提案。

■ 日本第三方物流的发展现状

现在，虽然日本物流企业中以第三方物流为卖点的企业有所增加，但真正达到 3PL 标准的只有日立物流、HAMAKY-OREX 公司、KRS（Kyuso Transport System）流通系统等屈指可数的几家企业。大部分企业虽然具备管理能力，但始终难以超越现有框架进行规划。

这些企业可以分为两种：一种是没有物流设备（硬件），

仅仅作为企业战略物流统筹部门存在的公司（无资产型），一
种是拥有物流设备的公司（有资产型）。 有资产型公司来源
于物流企业加盟（专业物流公司、物流子公司、批发公司
等）；无资产型公司来源于物流风险公司、咨询公司、综合商
社加盟。

第三方物流在日本的发展前景广阔，因此，合作方企业
必须掌握选择和评价这类企业的能力。

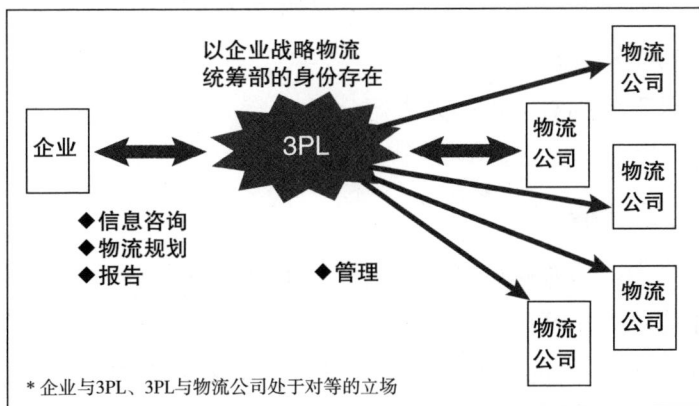

图 6-1　物流统筹不到位的企业不是"3PL"

关键词　Full Out-sourcing　整体外包非正式用语，在物流行业特指"全盘委托"。

56 第三方物流企业的必备能力

打着"第三方物流"名号的公司很多，但真正具备第三方物流能力的企业很少。

■ 三种能力

第三方物流企业必须具备咨询、规划、管理三种能力。如果企业把物流业务委托给不具备这些能力的物流公司承办，物流外包必然会失败。

以下分别对各种能力进行分析。

①咨询能力

过去，物流业务外包只包括作业一个环节。现在，除物流作业以外，客观上还要求外包方从专业物流运营的立场出发提出建议。这些提案的内容基本上围绕怎样降低物流成本展开，但是，企业更希望看到的是深入实质问题的提案。

例如：关于减少物流网点的提案，关于缩减库存的提案，还有关于集中减少配送车辆的提案。

从承运方的立场而言，这些提案实际上会降低己方的销售额。尽管如此，能主动提出这类提案的物流公司才是企业真正寻找的合作伙伴。

此外，第三方物流公司还应向合作方提供上述提案的依据和数据模拟分析。对物流企业来说，其企业本身并不具备

这种能力，所以应通过参加研修等教育使从业人员掌握相关
知识或邀请专业咨询公司参与。

②规划能力

规划能力是以执行咨询顾问提案的内容为目的制订计
划，或为了将物流费用控制在预算范围内，以此为目的进行
规划的过程。

一般规模的企业均具备这种物流规划能力。

③管理能力

对于超过企业承运能力的一揽子配送物流业务，可进一
步分包给其他物流公司承办。 分包对象还包括从事库内作业
的派遣员工和业务承包企业。 运用好的管理方法对这些对象
进行管理的能力就是管理能力。

除了委托外部公司承办上述业务外，企业自营物流时也
一样，都需要具备现场管理能力。

换句话讲，这种能力就是"现场运营管理能力"。 但
是，有的企业竟然连这种能力也不具备，比如：咨询公司和
销售公司。

当企业将物流业务委托给没有现场运营管理能力的公司
承运时，可能因为无法发货导致销售方提起索赔，所以企业
在选择 3PL 时一定要谨慎。

177

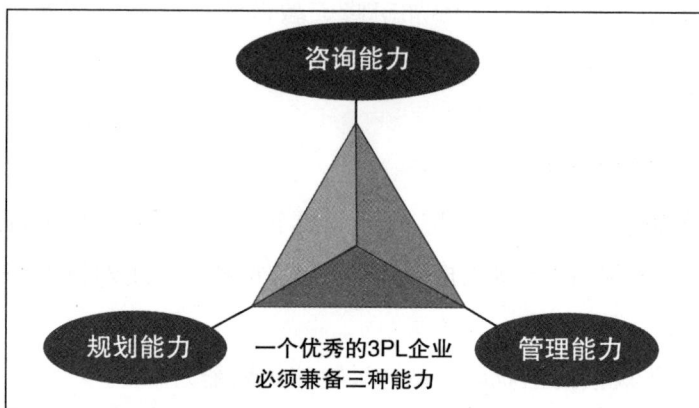

图 6-2　第三方物流企业必备的三种能力

57　第三方物流企业必须具备的体力

什么样的企业是可以放心委托承运物流业务的 3PL 企业？为正确辨别这种企业，应对其具备的三项体力进行确认。

■ 第三方物流企业必须具备的体力①——资金

物流外包与商业委托的道理相通。

178

　　如果委托方企业突然濒临破产，或因拒付工资引发员工集体罢工……导致商品不能按时发货，就会对交易产生影响。

　　此外，发生纠纷时，即使明知会遭到损失也继续投入资金？ 出现预测错误，甚至连交易本身也发生赤字时，能否继续维持运营？ 这些问题都与企业的资金实力相关。

　　因此，企业选择委托对象时，应向对方索要财务报表，或依据信用调查企业的评级做出选择。

　　3PL 承运业务时，必须具备相应的资金实力（财务能力）。 有充足的资金或资产，就能避免破产或发不出工资，这种企业可以放心合作。

■ 第三方物流企业必须具备的体力②——信用

　　可代替资金实力的因素是信用，信用对企业来说也很重要。 比如业绩，即在行业中拥有良好的物流运营业绩。 其评价越高，企业口碑越好。

　　此外，通过他人介绍进行交易时也一样。 如果企业口碑不佳，就没有人愿意推荐。 大型企业出资也是同样的道理。

■ 第三方物流企业必须具备的体力③——人员

　　如果委托方企业是缺乏实战运作能力的理论型（只做嘴上功夫）企业，不但不能保证正常发货，甚至会影响到销售额（经营）。 另外，当二级业务承包商运营状况不佳时，如果没有介入现场的能力和相应的人力资源，委托就会失败。

179

当现场发生问题时，怎样才能及时复原呢？ 答案是人。也就是说，通过人的介入采取相应的措施，这就是物流。

发生纠纷时，如果企业员工的人数充足，可以考虑以熟悉现场情况的员工为中心采取一定的应急处理措施。 即使员工人数不足，也可以通过从外部招募人力的方式有所作为。

因此，由企业出面组织培养了解物流知识的优秀人才，发生不测事态时召集人员投入处理。 这三个方面是与人员因素相关的 3PL 的体力。

综上所述，3PL 需要具备三项体力。 企业将物流业务委托外部公司承办时，建议将"资金"、"历史业绩和经验"、"是否具备现场技术力"和"员工人数"等因素纳入调查项目。

图 6-3　三项体力

关键词　拒付　一般情况下，从物流公司申领支票超过 60 天，现金支付为 30 天，属于资金周转状况不良的行业。所以，以中小企业为中心拒付或延迟支付的现象比较普遍。

58 第三方物流的提案力

什么是"提案力"？ 提案力是指掌握现状、分析情况、制订改革与改善方案的能力。

■ 第三方物流必须具备提案力

一般情况下，发货方企业不会选择将单项作业委托外部公司承办，而是将物流业务整体外包出去。 企业追求的合作方是能够对本企业提出有利建议的物流公司。 这就是第三方物流。

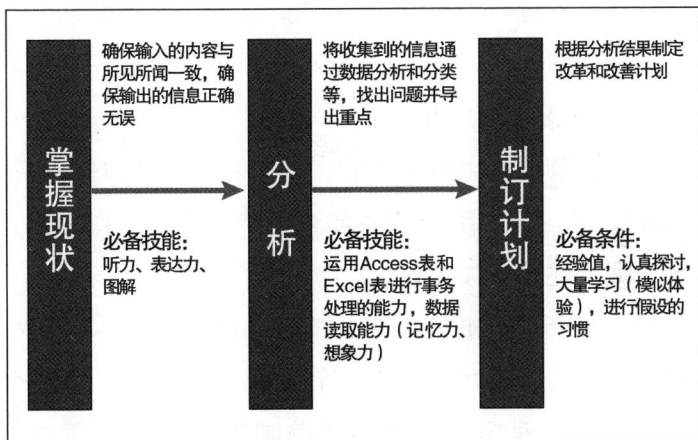

图 6-4 提案力是什么

因此，第三方物流必须具备提案力。 在日本，以日立物流、HAMAKYOREX 公司、KRS 为首的 3PL 企业具备卓越的提案力，并具备实施该提案力必须的水平和体力。

181

那么，这个"提案力"究竟是什么？ 企业在摸索和实践的过程中应该能搞清这个问题。

所谓"提案力"，是指正确把握对方企业的现状，通过对其现状进行分析，根据结果总结出一套改革和改善物流活动方案的能力。

提案力如何养成

为正确把握现状，前提条件是必须配备根据会议内容如实记录的人。 为什么？ 因为确保所听到的内容正确且经过归纳的是会议记录，所以，记录人绝不能根据主观臆测歪曲所听到的客观内容。 如果没有会议记录，连写提案书的前提——正确把握现状，也无法做到。 建议企业组织专人对员工开展会议记录总结培训。

此外，图解能力也是必需的。 相关人员可以开展多种形式的图解练习，例如用流程图描述现状，动手制作表格，用可视化手段描述相关关系等。

其次，分析数据时必须在 EXCEL 或 ACCESS 中进行加工，另外，还需要根据数据类别等进行分类。

最后，为了根据分析结果培养制定改革改善方案的能力，除了更多地积累实践经验、认真讨论、大量学习（模拟体验）外没有其他方法。 经验不足时，即使把握现状和进行分析，结果不是敷衍了事，就是做出实际难以执行的假设。 若想避免这种情况发生，只能从积累经验值入手。

182

提案力的要素有两点：一是通过主讲个人能力的讲座学习获得，二是经过实践，不实践就无法掌握（但是，通过书本理论知识的学习，可以获得模拟体验）。

> **关键词**　**日立物流**　日立集团旗下的物流子公司，承运系统物流等 3PL 业务。随着业务规模扩大，集团外承接的业务量已经超过 60%。无论作为 3PL 企业，还是作为外销成功的物流子公司，日立物流都是一家值得标榜的企业。

59　面向第三方物流的系统引进

WMS 对第三方物流而言不可或缺，另外，3PL 企业还可以把一些具有独创性的系统作为卖点招揽客户。

■ 用系统购买时间

第三方物流从通过开展企业内部培训，增加提案次数积累经验时，到从业人员掌握向顾客提案的能力阶段一般会经过一段时间，不可能一蹴而就。

在这种情况下，如果企业通过购买面向客户提案的工具，就等于购买掌握提案力所需的时间。

另外，如果提案给客户带来的帮助或好处明显，不仅与提高提案力的水平相关，提案的营销员也更有自信。

那么，企业应该投资什么呢？

答案是系统，特别是 WMS。

183

■ WMS 不可或缺

3PL 有了 WMS 系统，就能向合作方提出关于控制维护或更换所需经费或减少投资的建议方案。 提案的内容除了涉及物流成本，还包括控制系统费用等。

所以，很多大型物流企业都引进了 WMS 系统。 当然，考虑到套装 WMS 更具成本优势的因素，企业一般会选择引进这种 WMS。 正式引进后一般用企业自主命名替代原套装名，以企业拥有自主仓储管理系统为卖点招揽客户。

也有一些企业用 WMS 以外的其他系统招揽客户，例如可视化系统。 举个例子，能在地图上对客户方货物的储放地点、储存温度等信息进行定位跟踪的系统，还有通过可视化手段展示客户方当前货物量信息的系统。

此外，有的 3PL 企业以在世界范围内通用的系统为卖点招揽客户，例如"提供多语种，所在地库存识别"系统。

■ 中小企业能办到吗？

上述方法只有大型企业有能力完成。 因为客观上要求企业必须具备以下条件：拥有 SE、委托的外部公司有专属人员、有能力支付高昂的系统维护费用。

但是，中小企业同样希望利用系统或其他方式吸引客户。 这时不妨考虑利用 ASP。 但是，数据连接、数据维护，没有面向顾客进行系统化提案的人才等现实问题照样存在，引进系统对中小企业而言依然举步维艰。

184

图 6-5 系统引进因循思路

> **关键词** ASP 应用服务提供商（Application Service Provider），通过互联网向客户提供业务软件租用服务的企业。

60 收益分享

在各项条件具备的情况下，还应该围绕折半收益分享展开讨论。

■ 通过降低成本分享既得收益

简单地讲，收益分享就是把收益（利润）拿出来与他人分享。

举个例子，某企业本来需要在物流环节上投入 1000 万日元，采纳3PL企业的提案后，现在仅需800万日元，成本降低了200万日元，这就是收益（利润）。 该企业拿出既得收益的1/2，即100万日元支付给3PL企业，这就是收益分享。

但是，上述过程中存在两个问题。 一是收益计算方法难以确定。

根据降低的成本计算收益时，前提条件是必须公开全部相关费用。 具体分为薪酬明细和材料申请表等。 这种公开耗费成本的做法被称为"开卷管理"。

但是，即使进行开卷管理，从1000万日元缩减至800万日元的客观现实一定是因为降低成本所付出的努力吗？ 答案可能不止一个。 原因可能是销售额下滑，也可能是长距离订单减少。

没错！ 若想分享收益，首先必须确定"收益"，这个问题非常棘手。

■ 计算收益，客观衡量

这里有一种采用计算公式确定收益的方法。 有了计算公式，无论谁计算都会得出同样的结果。

下面举一个和服饰品专卖店的例子。 这家专卖店以单位物流成本为基础计算。 物流成本与销售额无关，以单位包装为标准。 一个单位包装金额乘以进货的包装数量；再用同一计算公式计算出货成本，二者相加。 结果与实际费用对比，如果成本降低，就拿出降低的50%作为支付3PL的报酬；如果成本增加，就支出50%。

186

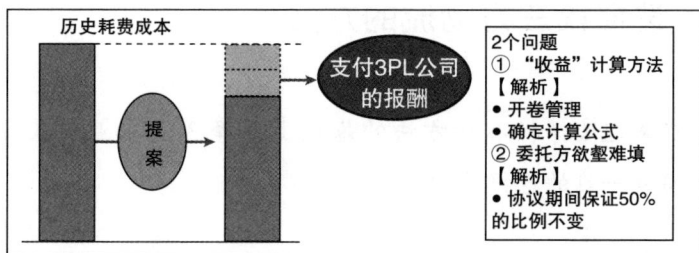

图6-6　收益分享的机制

采用这种方法的前提条件是合作双方均无异议。

一般情况下，货主都希望100%占有所得份额。 双方缔结协议时已经明确双方各自应得的份额，但是，事后货主可能提出把原先协议中规定的50%增加到80%，这样诚信就没了。 但是，如果其中一方业绩下滑便会提出类似要求。

这个50%的标准很值得玩味。 对3PL企业来说，它是降低成本的推动因素；对发货方企业来说，即使有风险，也会考虑采纳3PL企业的提案。

此时，如果按"四六开"的分成方式调整，之前双方之间形成的良好合作关系将很难继续下去。

收益分享是一种理想的契约方式，但是，缔结协议和维持则需要完善各项条件。

关键词　**开卷管理**（Open-Book management）　最具代表性的例子如日冷关西超市，这家超市从很早以前就开始采用开卷管理。另外，一些外资广告代理店也通过采用该法把酬金标准设为金额的××%。

187

61　选择第三方物流的方法

在掌握选择标准和方法的基础上选择 3PL 企业，双方高层之间统一目的也很重要。

■ 竞争有技巧

当企业与第三方物流合作的客观环境具备时，企业就需要有目的地选择有能力承运己方部分发展战略的合作方了。合作方一旦确定将不再更换，所以选择 3PL 时应格外慎重。

选择一般通过竞标进行。竞标具有以下优点：便于进行客观比对，避免"说或不说"等争论发生。

竞标正式开始时，问题的关键是招募方提示什么？希望参与方拿出什么？如果招募方只简单地宣布"请各竞标方提交一份提案"，就会收到一些零散不一的建议，提案内容也会失之浮浅。因此，招募方应认真准备一份平常不对外公开的数据，要求 3PL 提案的论据必须明确翔实。

论据设定应涉及多个方面，设定的具体项目可以因企业不同而不同，但必须把竞标参与资格、必备功能、各物流网点的经费明细、各进货方的进货量、各发货方的出货量、各进出货地点、各进出货到达时间、各商品分类尺寸/重量等信息明确告知参加竞标的企业。

此外，还要对委托筹办竞标活动的企业进行筛选。采用公开竞标还是封闭竞标，不同的竞标方式怎样应对。另外，

188

各 3PL 方一定会提出很多问题，如果不同竞标方获取的信息不同，就会在客观上造成不公平，所以还应额外设置相关咨询窗口。 如果只对一家企业的问题提交答案，竞标的公平性和提案制度就变味了，因此原则上问答应公开进行。

当然，考虑到方便探讨并对比各 3PL 提交的提案内容，还应对提案书的内容作出规定。

■ 企业高层间的想法是否一致

企业选择 3PL 时有一点很重要，这就是招募方企业高层与 3PL 高层之间的想法是否一致。 如果双方想法有出入，当业务环节发生问题，处理时必然出现互相推诿的情况。

当现场负责人因人事调整由新人代替时，想法肯定会有所改变。 但是，企业高层一般不变，因为他们是企业最高的经营决策者。 双方高层的目的是否一致？ 建议在确定合作关系之前进行确认。 如果 3PL 公司高层代表未出席竞标，就没有必要考虑选择该公司了。

此外，双方结盟时，不仅应确认由哪一方的企业承担最终责任，还要明确一旦发生纠纷，对方能否承担责任等问题。

接下来，经过最终筛选双方缔结基本合同，在缔结合同的过程中，因为会涉及多个项目的细节问题，双方应在合同中明确责任人，并确定如果该责任人因人事调整由他人接替时双方的责权关系等。

189

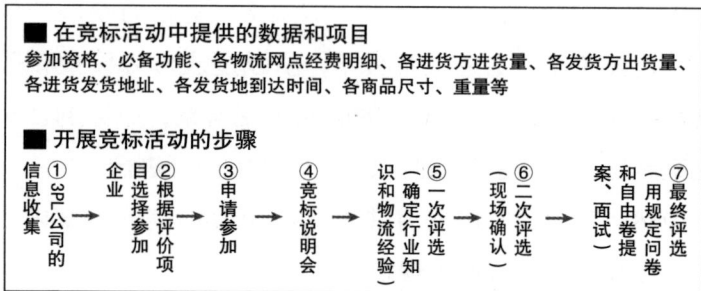

■ 在竞标活动中提供的数据和项目
参加资格、必备功能、各物流网点经费明细、各进货方进货量、各发货方出货量、各进货发货地址、各发货地到达时间、各商品尺寸、重量等

■ 开展竞标活动的步骤

①信息收集
3PL公司的
→
②企业根据评价项目选择参加
→
③申请参加
→
④竞标说明会
→
⑤一次评选（确定行业知识和物流经验）
→
⑥二次评选（现场确认）
→
⑦最终评选（用规定问卷和自由问卷提案、面试）

图 6-7 竞标的知识

关键词

竞标 以与具备有利条件的企业签订合同为目的，招募竞标企业，进行投标招标活动。竞标的优点是对投标方公平，企业决策过程公开透明。

专栏 第三方物流运营与物流咨询顾问的区别

3PL 的营销人员主要从事咨询销售工作。

其业务内容包括参加各类推介会、交流会，通过打电话等途径寻找一切可能的销售机会。频繁上门拜访潜在合作客户等。一旦抓住提案机会，立即根据客户需求制作提案。如果客户要求提供"更具体的提案"，双方可以在签订保密协议的基础上索取相关数据，进行数据分析和询问情况，最终完成提案。一旦提案通过，就开始积极筹划前期磋商，协助意向双方的现场负责人进行协商。

　　物流顾问职业与 3PL 销售之间有相似之处。物流顾问一般通过参加交流会、推介会、电话营销和参加研讨会等途径与潜在客户接触，经过多次会面、交谈，发现对方存在的问题，即受邀制定企划案和演示。

　　一旦企划案通过，在签订保密协议的基础上向对方索取所需数据，进行数据分析、询问情况，整理报告。接下来，如果受邀前往协议企业现场莅临指导，双方之间再签订半年期或一年期合同。之后，物流顾问赶赴现场开展工作。

　　从表面上看，二者的运作方式似乎大同小异。

　　但事实并非如此。

　　首先，双方提案内容的深度不同。3PL 营销是以承接物流业务为目的提出的建议书，而物流顾问的提案是在索取酬劳的基础上制作的提案。如果提案内容过于浮浅，就会遭到客户索赔。为了拿出一份让客户满意的提案，物流顾问往往彻夜不眠，尽己所能完成提案。

　　3PL 营销是以企业承接物流业务为最终目标开展的提案业务，另一方面，物流顾问与由何方承接物流业务之间没有关系，因此能从客观公正的立场出发进行客观判断。

　　从公平性的角度来看，二者之间存在决定性的差异。

这一点与物料搬运间的差异相同。假设某企业新成立了一家物流中心，正处于准备引进物料搬运设备的阶段。这时，物料搬运设备厂的销售员一定会积极推荐本厂生产的设备，宣称自营设备的性能如何卓越。这一点很好理解，销售的做法与其所在企业的利润挂钩，也与其销售业绩相关，所以，他不会提出让其他企业受益的提案。

　　然而，物流顾问就不同了。他的出发点很简单，对某企业的包装形式、商品流动等进行客观分析，在分析的基础上提出引进什么样的物流搬运设备最佳。

　　综上所述，3PL 营销与物流顾问之间存在明显区别。

第 7 章
主要行业物流最新案例

62　日用品行业

行业流通正在发生激烈的变化，与此同时，批发并购的步伐进一步加快，向省略流通中间环节的趋势发展。

■ 行业概况

日用品的种类非常丰富，例如肥皂、清洁剂等洗漱用品、医药品、纸张、家庭用品等，其涉及的行业很多，因此很难明确真实的市场规模情况。 据日本经济产业部整理的《平成十九年（2007）商业统计调查》显示："医药用品、化妆品等批发商"门店数为 15 998 家，年销售额约计 23 兆日元。 随着日用品经营销路的扩大，行业整体销售额呈增加趋势。

日用品的主要销售渠道是超市、便利店、药店、折扣店，近年来，网购等新的销售模式不断扩大，承担中间商角色的批发商正受到越来越多的关注。日本国内的大型批发商如Mediceo Paltac、Arata 等。

■ 物流特点

日本传统日用品行业的批发商规模相对较小，而且受到各种行业规则和习俗限制，呈按行业和厂家等条件进一步细分的状态。一级批发营业区域受都道府县等行政区划限制，与其他县区之间的交易也受到严格限制。

随着大型综合超市的出现，从厂家主导型流通向零售主导型流通的发展，客观形势发生了戏剧性的变化，行业惯例中的"特约经销商"、"批发价制度"等已形同虚设。在此基础上，随着一级批发区域的拓展获得许可，批发商之间并购的步伐不断加快。

在大型零售店的诞生和与之配套的一条龙物流，多品种小批量需求，加之期待物流效率提升的呼声等因素的影响下，从植根于特定地区的"地域型批发"开始，到全国范围内形成营销、配送网的"全国型批发"的步伐正在加快。从事医药品批发的 Mediceo 会社和从事日用杂货的 Paltac 会社并购重组，不同行业间的并购也在不断推进。此外，多级流通的"省略中间环节"模式、厂家、零售业直接配送等模式也如雨后春笋般出现。

194

■ 未来的物流模式

随着商家经营的品种不断增加，由于零售业受到卖场空间的限制，以热销商品为中心展示更多种类商品的需求越来越高。 为满足这种需求，从客观上要求物流服务采用高频率小批量配送方式。 于是，物流企业必须面对提高支持该需求的分拣效率问题。

今后，为使出货错误率降低到最小限度，一些物流企业开始在出货环节应用无检系统（No Check System，不通过品检，直接出入货，以降低物流成本为目的，削减品检产生的时间和劳动力），正式推动作业效率化进程。 零售商可以考虑引进 POS 系统，通过单品数据管理防止滞销风险和机会损失等，以构建与需求预测联动的适时适量的生产、配送、销售系统为目标，使供应链管理向高端发展。

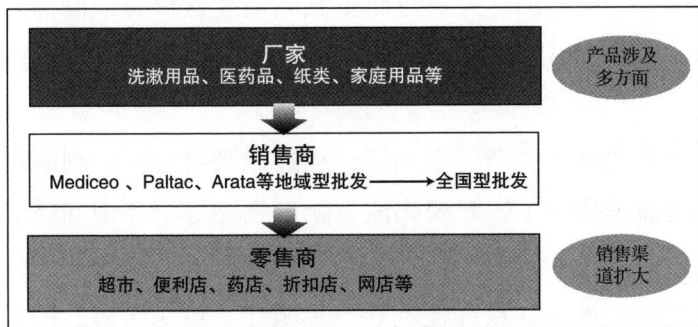

厂家
洗漱用品、医药品、纸类、家庭用品等

产品涉及
多方面

销售商
Mediceo 、Paltac、Arata等地域型批发 ⟶ 全国型批发

零售商
超市、便利店、药店、折扣店、网店等

销售渠
道扩大

图 7-1 日用品行业物流

195

63　酒类行业

行业功能向综合食品批发集中。 物流环节呈低成本，高
品质化两个极端倾向。

■ 行业概况

据 2008 年相关机构调查表明：日本酒类行业的市场规模
约合 4 兆日元。 从啤酒到低价位发泡酒等杂酒不等，一方面
酒的种类持续增加，另一方面受低酒精度饮料等戒酒需求的
影响，近十年来，日本酒类行业整体的市场规模下滑 6%
左右。

酒类饮料从生产厂家出厂，经过酒类批发商、制酒厂旗
下的物流子公司（如麒麟物流、朝日物流等）等中间环节进
入零售业。 截止 2003 年，随着酒类零售业许可放缓，新加盟
商家增加，酒类饮料在便利店、量贩店、百货店等的销售业
绩增加，销售渠道呈现扩大化趋势。

■ 物流特点

酒类批发分为国分、日商等"综合食品批发"，日本酒销售等"专业酒类批发"，加盟全国酒类业务用批发联合会的企业等"业务型批发"几类。 虽然该行业长期受酒类税法限制和遵守厂家规定的"特约经销商制度"，行业形态相对稳定，但是，随着酒水饮料从酒吧向便利店，再到经销店的销量比重变化，其正从厂家主导型向零售主导型物流转变。 加之限制放缓和新酒类销售商家加盟，变化正在悄然发生。

近年来，一方面为应对在量贩店和折扣店等被称为"品类杀手"（Category killer）（营业面积较大但商品品类经营较少的连锁专卖店，因为它们在比较小的商品品类范围内有较多的单品，能"杀死"那些经营同种商品的小商店。——译者注）"的低价位商品销售需求，物流企业不得不进一步压缩物流成本。 另一方面，为应对便利店等商家提出的通过与其他食品集中配送减少成本的要求，酒类专营批发和业务型批发商之间相继完成合并整合或关停，物流功能呈现出向"综合食品批发"集中的趋势。

另一方面，由啤酒生产厂发起建立利用含物流子公司在内的流通网，通过积极引进计划配送系统、将本企业集团和部分其他厂商组织在一起，通过共同配送使物流效率大大提升。

■ 未来的物流模式

在酒类销售行业中，在批发零售业的收益性相对低迷的同时，回扣倒挂等倾向依然存在，行业结构改善以及确立收益体制等课题亟待解决。随着酒类限制放缓，礼品店、饰品店等小范围酒类经营许可申请还在继续，面向这些小规模门店构建相应的订购、发货体系也是物流企业今后需要面对的课题。

此外，在啤酒销售中，随着价格竞争向杂酒的转移，低端酒开始崭露头角。另一方面，"生啤化"等冷链型物流商品博得一致好评，高端酒正引起业界的关注，这就从客观上要求物流服务以维持高品质为目的，必须严把温控管理环节。

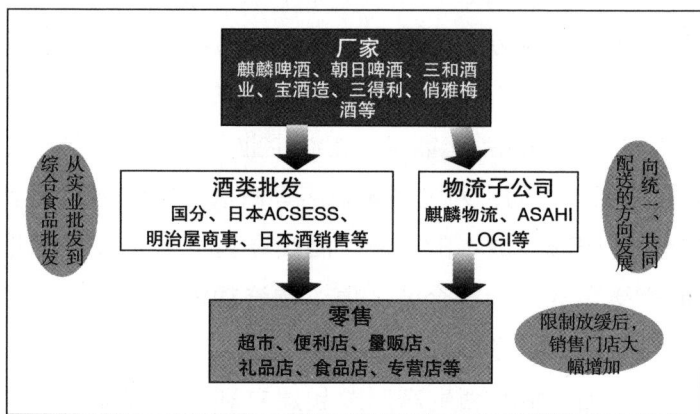

图 7-2　酒行业物流

关键词　**回扣**　制酒厂等根据酒业批发和零售店的销售状况另行支付的酬金，是日本的酒行业根深蒂固的惯例，啤酒厂商已于 2005 年废止这项制度。

198

64   食品加工业

**正处于向配备四级温控管理的物流中心和集冷冻、冷藏
于一体的配送化发展中。**

■ 行业概况

日本加工食品业的市场规模不到 20 兆日元。 其中包括冷
藏食品、点心、罐头、调料等，受高龄少子化、人口减少等趋
势影响，行业销售额呈下滑态势。 另一方面，近年来健康食
品领域的市场规模正迅速扩大。

行业流通从原材料生产厂到加工食品厂、批发、物流企
业（国分、菱食、加藤产业等），采用零售模式销售。

■ 物流特点

经营种类是入口的食品，所以对卫生管理和温控管理都
提出更为严格的要求。 传统操作模式是根据不同温度级别开
展配套的物流活动，受物流分散化影响耗费了不少额外的配
送费和网点费用。 为改善这种情况，物流正向统一合并的方
向发展。 现在，物流中心已经实现对应常温品、冷藏食品（0
~10 度）、冷冻食品（零下 20 度上下）、巧克力等恒温品的四
级温控管理，配送过程引进冷冻、冷藏双层车辆混合搭载，
大大提升了车辆的承载能力。

日本国内的加工食品厂分布很广，配送的零售点也很

多。 早在过去，厂家一般选择通过系列关系流通模式销售商品。 从 20 世纪 80 年代后期开始，受大型综合超市、便利店等新兴商铺的影响，流通开始向零售主导型转变。 在糕点行业中，以追求物流效率为目的共同配送正在不断发展。

此外，对大型食品加工厂旗下的物流子公司来说，一方面应积极遵守食品安全规则，与合作企业一起构建高端物流体制，提升自营产品的可信度；另一方面应积极开拓外销活动（3PL），扩大活动规模。 大型批发商可以考虑通过吸纳中小批发商，扩大经营品种和提高信息化、分拣精准度等方式缩短前置期。

以企业间共享商品信息数据为目的，在酒业、食品业共享信息的趋势已经形成，生产厂家方面开始构建"FINET"，批发商方面则开始致力于构建"Japan Inforex."。

■ 未来的物流模式

食品加工业当前面临的课题是构建包括原材料在内的跟踪体系。 虽然产品加工后的跟踪过程相对容易，但日本国内的原材料大多通过进口，或者经各类原材料、添加物混合制成，不方便跟踪管理。 业界正针对引进二维码、RFID（IC 标签）等展开积极探讨，现在，生产厂家还停留在批次管理的阶段。

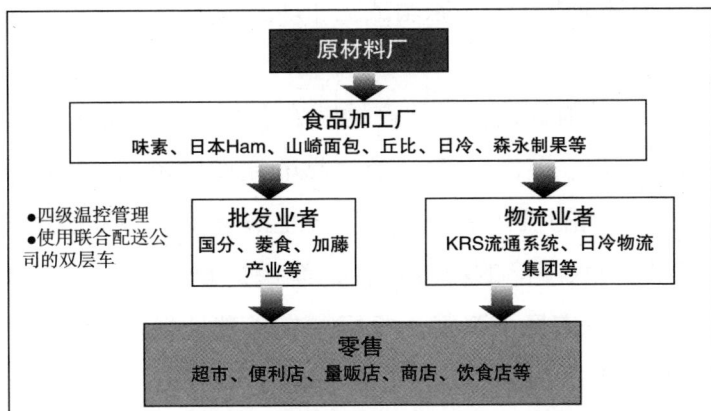

图7-3 食品加工业物流

关键词 跟踪 以个体为单位对产品、零部件、原材料等对象进
行管理、调配、加工、生产、流通、销售,跟踪并追溯
其历史数据。

65 生鲜食品行业

从批发市场流通向产地直接配送转变,生鲜批发迈向经
营改善之路。

■ 行业概况

据统计,日本国内的饮食市场份额约为 40 兆日元,其
中,生鲜品市场(由农产品、畜产品、水产品构成)所占的比
例为 8 兆日元("外食"除外),在"外食(在外就餐)"、

"中食（在外面购买后在家里或工作地点食用）"、加工食品中呈持续减少趋势。

农产品的流通途径：从产地→农业协会等→批发市场→批发商→超市、零售店等。 畜产品的流通途径：在养殖场等从事畜产养殖的机构宰杀分割后→生肉批发商→零售店进入流通环节。 水产品的流通途径：渔民捕捞上来的鱼贝类海鲜→产地批发市场→竞买、投标→在消费地批发市场零售。国外进口产品一般经过商社进入日本市场。

■ 物流特点

生鲜流通对产品的新鲜度管理和保质期管理要求非常严格。 为保证产品的新鲜程度，客观上要求物流企业构建高效快速的系统。

从 20 世纪 90 年代开始，流通环节的关键，即生鲜批发的收益环境大幅恶化。 一方面，在调配环节，生产厂家为追求生产效率，以加强经营基础为目的构建配套的组织和统一化进程，其价格交涉能力大大提高。 另一方面，为吸引顾客和提高流通效率，零售业者以产地直接配送的大批量一揽子调配为目的，正在加强市场外交易。

面对这种严峻的客观环境，物流企业应通过建立地方特产等独立进货途径，对产品进行分割以方便商家销售，为维持产品的新鲜度采用真空包装处理等方式提高服务能力。 另外，还可以通过在批发市场设置网点，联合同行业者等对业

202

务进行改善。 自 2009 年起，作为收益源的批发市场委托手续费已经完成放开，由此可见，业务重组今后仍将继续。

■ 未来的物流模式

现在，生鲜食品行业面临的课题与加工食品行业相同，都是构建物流动态跟踪服务体系。 以 O-157 大肠杆菌感染（1996 年，日本多所小学发生集体食物中毒事件，后发现元凶为"O-157 大肠杆菌"。——译者注）、BSE（疯牛病）和伪标识等事件为契机，客户对生鲜食品物流的跟踪服务需求居高不下。 部分零售店已经通过引进二维码标识向消费者提供手机查阅原材料生产阶段的历史信息服务，尽管如此，从追溯生产者和流通者的观点分析，今后一切还有待继续。 另外，海外商品进口量多也是原因之一，而标准码的发展远远落后于现实的步伐，现阶段能够全程追溯的产品仅限于日本国产牛肉。

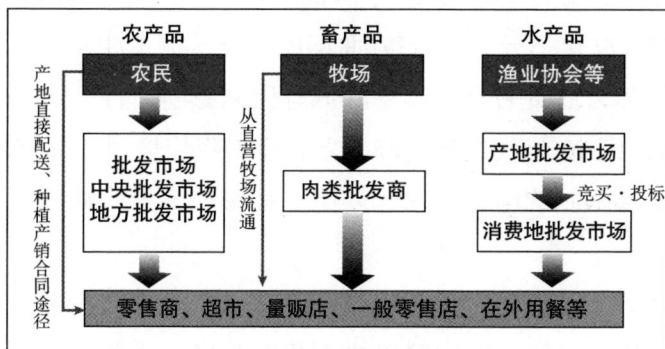

图 7-4　生鲜食品行业的物流

包括农药在内，客观上要求能对全部农产品的历史信息进行跟踪与追溯。针对水产品、畜产品感染、伪标识等问题，今后只能期待相关部门在更高层面上构建相应的解决体制。

> **关键词** **国产牛质量溯源管理系统** 自疯牛病爆发以来，日本政府已完善相关法律法规。针对日本国产牛制定出一套完善的从产地到店铺的质量追溯体制。

66 出版业

随着市场规模缩小，与其他企业合作解决退货的物流问题、提高预测精度是关键。

■ 行业概况

日本出版业的市场规模（2008 年书籍、杂志销售总额）为 2 兆 177 亿日元。随着互联网的普及，信息源从杂志转向网络媒体，纸质书籍阅读率降低等因素影响，行业市场规模在 20 世纪 90 年代达到高峰，之后呈下降趋势。另一方面，受无流通限制的电子书籍和网购途径影响，行业销售量有所增加。

出版业的流通由出版、经销商、书店等环节构成，由出版社印制的书籍、杂志等首先在具有批发、物流功能的经销商（东贩、日本出版销售、大阪屋）等地集中，再经过各书店进入消费者手中。

■ 物流特点

流通环节的特征之一是"再销售价维持制度"。 这是一种由出版社决定出版物定价，书店遵循该定价销售的制度。出版物受著作权法保护的文化色彩浓厚，所以，反垄断法规定对再销制度也持认可态度。

另一个特征是"委托制度"。 这是一种通过经销商的中间环节，在一定期间由书店上架销售，存货退回出版社的系统。 仅新刊一项的年销售量就达到 75 000 册左右，对每周更新杂志的书店来说是一种利好制度。

但是，近年来随着市场规模萎缩，出版社为增加销售量呈现新刊发行量增加的倾向，加之大型书店崛起，上架刊物增加，网购比例上升等因素影响，导致供应过剩，退货增加、经营压力不断增大。 据披露退货率高达 30%，导致企业额外投入生产和物流费用

为缓解出版社的经营压力，经销商开始通过与其他企业合作解决退货物流问题，通过收集各书店书籍分类数据等措施构建灵活运作市场的体制。

■ 今后的物流发展

出版业当前面临的课题是物流运作效率和缩小过剩生产。 虽然网购过程中受大量接单，以及处理即时出货体制等

因素影响，成为造成大量库存积压的主因。 但另一方面，又通过活用提前预约数据，提高需求预测精度等措施来控制退货问题的发生源——多余销售册数。 例如，日本卓越亚马逊在与传统批发商建立合作关系的同时，以储备的高水准需求预测数据为基础，省略与图书批发商、小型图书零售商等中间环节，与出版社之间通过直接交易达成委托销售制度，又在市场需求预测的基础上确定数量，试着与委托方之间建立"交货申请"的合作关系。

此外，在出版业中，活用 RFID（IC 标签）开始受到越来越多的关注。 从印刷、制作到贴 IC 标签阶段，除了追求物流整体的运作效率外，门店市场、单位店铺等在防盗措施上加大力气整改，年均防盗额增至 212 万日元。

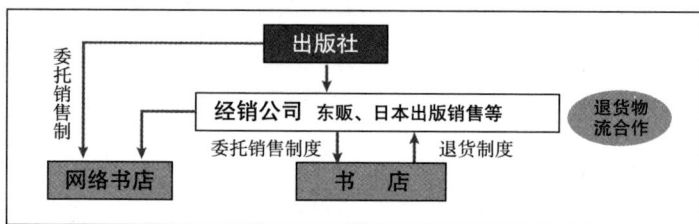

图 7-5　出版业物流

关键词　**退货物流合作**　由日本出版销售、大阪屋、栗田出版销售、日教销售、大洋会社等 5 家经销商联合成立的退货物流合作专营企业（出版共同流通）。

67　邮购业

当前面临的课题是针对市场规模扩大，过剩库存等高物流费体制进行改善。

■ 行业概况

据 2008 年日本通讯销售协会调查统计：邮购业的市场规模约为 4 兆 1400 亿日元。 日本"泡沫经济"崩溃后，邮购业赶超持续负增长的零售业顺利发展。 根据经营类型不同，近年来通过网购和电视媒体等途径进行运作的邮购行业蓬勃发展，传统型综合目录邮购呈下滑态势。

日本国内的大型邮购商巨头有 Nissen、 爱速客乐（askul）、KAUNET、亚马逊日本、DINOS 等，大型邮购企业一般采用自营物流模式，但是，近年来除中小邮购企业以外，很多大型邮购企业也开始摸索向 3PL 转变。

■ 物流特点

邮购分为两种：一种是限定单一品种的单品邮购，另一种是经营多种类商品的综合邮购。 单品邮购的商品经营种类少，无分拣/包装工序，可以在小规模物流中心处理，企业运营成本较低。 与此相对，综合邮购的制胜之道在于商品经营种类和接单后建立配送体制，所以，综合邮购业者必须具备两项先决条件：一是大规模物流中心，二是最先进的设备投资。

例如：爱速客乐旗下经营的办公用品种类繁多，加之向客户提供"今日订购明日送达"的快捷物流服务，吸引了顾客的广泛关注。

另外，2005 年 11 月，日本卓越亚马逊在市川新成立了一家超过之前 4 倍规模的运营中心。该中心的商品经营种类繁多，从书籍、CD 到家电，总库存量达 200 万多件。该公司通过省略经销、批发等中间环节，在自营网点加大对来自不同进货方商品的集中管理力度，建起一套确保 90% 以上的商品在接单后 24 小时完成配送的体制。2007 年 10 月，该公司又在八千代新增一家运营中心。

■ 未来的物流模式

目前，邮购业主要面临因商品经营种类繁多导致余量库存；设备费、宅配送费等物流成本高等课题。邮购业以网购为中心，符合"长尾理论"阐述的现象，而不是"二八法则"中揭示的规则：门店销售中 20% 的商品会带来 80% 的利润。

随着 IT 化进程的发展，邮购行业正通过在生产厂家间共享从订购到库存为止的信息，构建订购支持系统，实现适量订购、追求库存压缩和提高需求预测精度等措施不断发展。但是，以卓越亚马逊等企业进行的各工序生产效率管理等为例，从客观形势上对整个行业提出追求构建更高层次的库存管理和提高生产效率体制的要求。

此外，日本第一邮购品牌 Nissen 把实现高层次物流作为发展目标，呈现出从传统自营物流公司向丰田自动织机并购企业转变的趋势。 今后，灵活运作第三方物流的行业趋势将更加活跃。

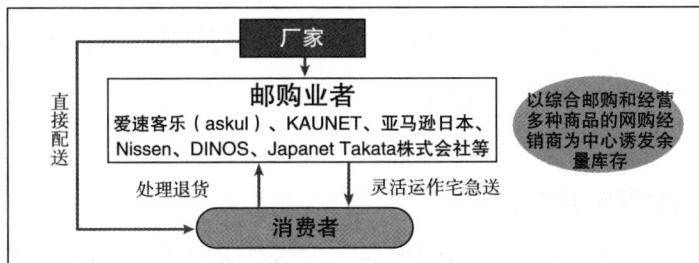

图 7-6　邮购业物流

> **关键词**
>
> **长尾理论**　在线网购等销售模式中销售频率低的产品，其销售额占整体市场份额巨大的法则。经营品种是决定销量的决定性因素。

68　百货店

百货店行业长期持续低迷，应跟进调配、礼品物流服务改革。

■ 行业概况

据 2008 年日本百货店行业协会调查数据显示：日本国内

86家百货商店的销售总额约7兆3800亿日元。受"泡沫经济"崩溃的影响,百货店行业连续9年呈现负增长,业务合作及系列关系趋势相对活跃。

一般情况下,百货店流通以下属物流子公司的运营为基础,形成从批发、生产厂家→在流通中心集中→代行交货商→送达门店的运行机制。近年来,百货店将物流配送业务委托给3PL的模式越来越明显。

■ 百货店的变迁

从20世纪初叶开始到战后,主导日本零售业市场的领军人一直是百货店。百货店分为两种,一种从日式和服商店衍生而来,一种是百货终端(Department Store)。1905年,由日式和服商店"越后屋"改组后重建的三井吴服店打出三越百货店的招牌正式对外营业,以此为契机,松阪屋、高岛屋、大丸等百货商店先后成立。

另一方面,第一次世界大战结束后,百货终端将发展重点转移到吸纳铁路旅客上,并先后推出东急、阪急等新店。与和服衍生店的发展目标定位在高端消费客户群相对,百货终端打出面向普通民众的经营品种策略,百货店正逐渐向贴近普通消费群体转变。

从第二次世界大战爆发期间,日本国内实行战时统一调度,直到战争结束后的混乱期,百货业流通彻底中断。从1950年开始,随着日本经济的逐步恢复,百货业终于迎来了

210

重生。 此后，以 1973 年石油危机爆发为契机，日本从高度经济增长期向稳定期转变，百货店的销售业绩暂时停滞，但是，之后受品牌商品等因素影响，行业销售额再次攀升。

泡沫经济崩溃后，百货业进入低迷时代，尽管各商家纷纷推出独具特色的自营品牌，而且传统并购模式对百货业收效不佳是公认的事实，但是，西武百货、崇光"Millennium Retailing Group"并入 Seven & I 控股集团；大丸和松阪屋；伊势丹和三越百货合并等企业并购重组的倾向已无法避免。

在流通环节，高岛屋与阪急阪神之间展开物流合作；伊势丹、东武等在所属的全日本百货公司开发机构（以共同配送为目的构建的 69 家门店联合创办的组织）与阪急阪神百货开始在礼品商务领域筹划统一物流系统等，业界削减成本的倾向变得十分显著。

此外，各商家开始不约而同地投入"回归百货店原点"的业务重组活动。 一方面，在超市买不到的海外品牌承租和老牌店铺在百货店大量集中。 另一方面，个别百货店推出一种名为"百货公司地库商场"的食品特卖场，以此推动与其他商家之间的差别化战略。 在凭借"地库商场"商业模式获得成功的百货店中，为迎合市中心城区改造工程，以专门售卖食品为经营策略的新兴卖场正悄然形成。

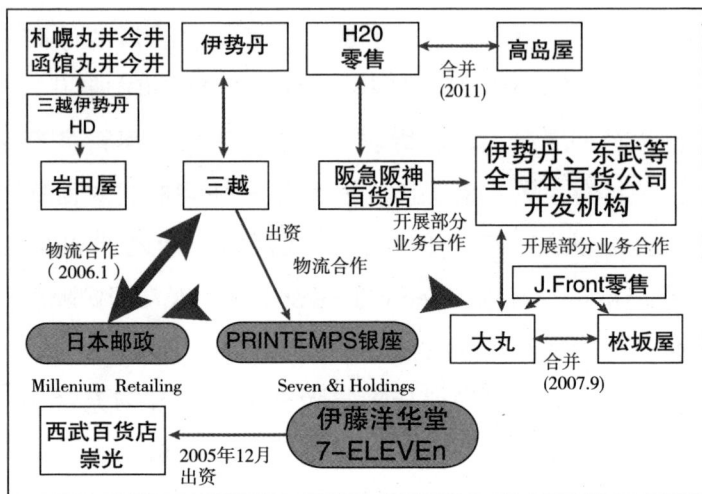

图 7-7　主要合作、协作动态

■ 物流特点

百货店流通环节的特征可分为以下几类：从批发商、生产企业的在一定期间代为经营→余货退还→"委托进货"模式；在生鲜食品卖场等处常见的把销出份额作为进货量计提的"消化进货"模式等。

采用完全收购制的自主运营卖场的空间较小，大多数商家将商品的所有权、管理权、销售权等委托批发商进行，销售结束后统一结算；或者沿用女装和装饰用品卖场的运营模式，把一部分卖场空间租赁给承租的商户运营。

此外，百货店流通还有一个特征："交货代行制度"。

212

这种方式不是从批发或厂家自营流通中心发往各门店,而是
一种先在流通中心集中商品类别,再通过一次性交货实现高
效配送的方式。 承运百货店配送业务的企业通常被称为"交
货代行业者",主要配送企业如浪速运输、东京交货代行等。

这些企业除了承运交货代行业务外,还承接由百货店负
责的检验代行业务,继而扩展到应百货店要求处理交货品保
管业务、进口过程中的品质调查、流通加工、退货业务等。
近年来,它们又将业界公认共同配送难的"食品食材"纳入
业务范畴,以此支持百货商店的物流服务环节。

在百货店物流中,占销售额比例较大的"礼品物流"也
是重要组成之一。 礼品物流专用中心设计的包装种类很多,
其配送环节主要通过宅配送业者进行。

在礼品物流方面,为缩短从接单到分拣、包装、配送为
止的一系列作业流程,配送订单管理系统和库内管理系统的
合作强化等信息武装进一步加强,与此同时,以支持从厂家
直接进货为目的的礼品网、百货店 EMS 等行业标准系统正在
普及。

■ 未来展望

受泡沫经济崩溃后行业长期低迷的影响,在坚决推进业
务改革趋势的推动下,行业态势正逐步得到改善。 但是,怎
样针对因"委托进货"、"消化进货"等所引发的依赖批发
商、生产厂商的成本意识进行改革是当前面临的一大课题。

213

企业自营品牌和以百货店为主体进行的商品开发、完全收购制、扩充自主运营卖场是今后必须解决的问题。

此外，为实现以削减成本和礼品物流为首的高端服务，必须将物流体制重建、委托第三方物流、展开合作等一并纳入考量范畴。

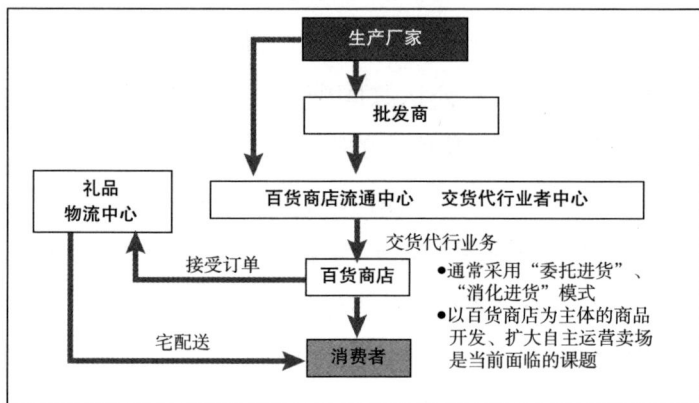

图 7-8　百货店业物流

三越百货已经将旗下的物流子公司——三越物流，作为物流解决方案（M Logistics Solutions）进行改组。企业在推动 3PL 业务扩大的同时，通过礼品配送与日本邮政合作进行物流改革。此外，高岛屋与阪急阪神之间联手开展物流合作；东急将旗下物流子公司——东急 Logistics，出售给 SBS 等行业动向相继发生。

69　连锁超市（GMS）

当前面临的课题是改善流通中心依托中心仓储收费的运
营模式。

■ 行业概况

据日本连锁店协会于 2006 年对 70 家超市的总销售额进行
统计的数据显示：超市的市场规模约为 13 兆亿日元。 泡沫经
济崩溃后，一方面消费处于低迷状态，行业总销售呈减少趋
势。 另一方面，受大规模零售店法规限制放缓因素的影响，
单位店铺卖场面积超过 3000 平方米（日本政令指定都市超过
6000 平方米）的大型店铺迅速增加。 2001 年末，与规制放缓
前的 1991 年相比，大型店铺的总销售面积约扩大 1.6 倍，恶
性竞争更加明显。

接下来，随着折扣店的崛起，以男装连锁和家电量贩店
等特定行业的新增店铺为中心，在以低价运营为武器的 "价
格破坏" 策略的影响下，价格竞争更加活跃，行业利润水平
表现低迷。

■ 超市业的变迁

超市分为两种，一种是以经营食品和服装等特定领域商品为主的"专门超市"；一种是经营包括衣食住行等广泛商品在内的"综合超市"（GMS，General Merchandise Store）。 与目标消费群体定位为高端消费群体的百货商店不同，超市采用自选销售方式，以提供价格低廉的商品为重点。 进货渠道为总部集中制，各区域的经营品目和商品战略之间存在一定差异，但基本宗旨是旗下店铺一律销售统一商品。

在日本，于1953年诞生的食品超市"纪伊国屋"被公认为日本国内的第一家超市，20世纪60年代以后，这种行业形态大幅度延伸。

日本零售商大荣公司（Daiei）的创始人——中内功氏在"建值制"（由厂家确定流通阶段一直到店铺的销售价格并以此价格为基础进行交易的一种制度。——译者注）的基础上，将之前一直由厂家决定销售价的决定权交给零售方，在业界掀起一场低价提供商品的"流通革命"。 大荣公司于1972年曾一度取代三越百货，大荣超市在行业间确立销售额第一的杰出业绩，自此零售业的主要生力军从百货商店转向超市。

此后，从20世纪70~80年代，大荣公司、伊藤洋华堂、西友等大型超市发展势头迅猛。 在此期间，以专营食品为主的超市完成了向经营服装、日杂等综合超市（GMS）的转化。

216

进入 20 世纪 90 年代，受大店法规放缓因素影响，大型店
铺之间出现恶性竞争，加之泡沫经济崩溃，超市行业的势力
范围出现巨大变化。 曾经是零售业象征的大荣公司背负巨债
破产；西友因销售状况不佳被迫引进美国沃尔玛的资金。 另
一方面，日本大型超市 AEON 逐步将大荣、Maruetsu、迷你岛
便利店（ministop）等企业纳入旗下，销售额突破 5 兆日元。
现在， AEON 正成长为一家与国内最大零售商——日本
Seven&i 公司——比肩而立的巨人企业。

■ AEON 灵活运作 3PL 的一体化交货机制

超市和折扣店等商家的特征是零售商大多配备自营配送
中心。 商品一般不通过批发商和厂商自营物流中心发往各店
铺，而是先在物流中心集中货物，之后从物流中心发往各店
铺实施一体化配送。 这种方式不仅提高了配送效率，还与物
流效率相关。

为应对商品种类多样化，多频率小批量，配送快捷等需
求，现在，企业不再把购买的商品寄存在物流中心，而是更
多地设置了一种在货物到达后经过分拣立即发货的"交叉转
运（Cross Dock）"通过型物流中心。 物流中心向供应商征收
成本运营费（物流中心收费）以维持整体运营，但是，这种模
式是日本国内独特的商业惯例，有着用物流中心收费维持运
营与物流中心的高效化意识之间无关的缺点。

AEON 集团为了提高物流中心的运营效率，通过废止现存

217

物流中心，联合 3PL 业者共同构建新的物流中心网等方式积极推动构建削减物流成本的体制。 在此基础上，还通过避开批发商等中间环节与客户直接交易；除了与 POS 系统联动外，从调配环节开始积极推动以构建高度 SCM 系统为目的的 IT 化进程。

另一方面，AEON 集团还通过企业间并购实现快速发展，但集团整体的经营种类运作和效率化等仍处于发展阶段。2007 年 8 月，AEON GLOBAL SCM 株式会社正式成立，以强化供应链管理功能作为企业发展的核心目标。

■ 伊藤洋华堂的"窗口批发商制度"对交货作业效率的影响

与批量交货的运营模式相对，伊藤洋华堂的经营战略是"窗口批发商制度"。 该制度根据区域和商品目录决定窗口批发商，把企业以外各批发商经营的商品集中在该配送中心，采用混合搭载配送系统，具有不受商流变更因素影响，提高交货作业效率的优点。

另外，伊藤洋华堂率先其他门店实现了"单品管理"。并非扩张店铺，而是通过商业化计划、强化单品管理等措施，在单位店铺收益率方面以绝对压倒性优势超越了其他竞争对手。 近年来，受市场长期消费低迷的影响，伊藤洋华堂从之前重视收益的思路出发进一步加强，还通过改变传统综合超市的独立办店模式，推出用特定食品追求效率的企业方针。

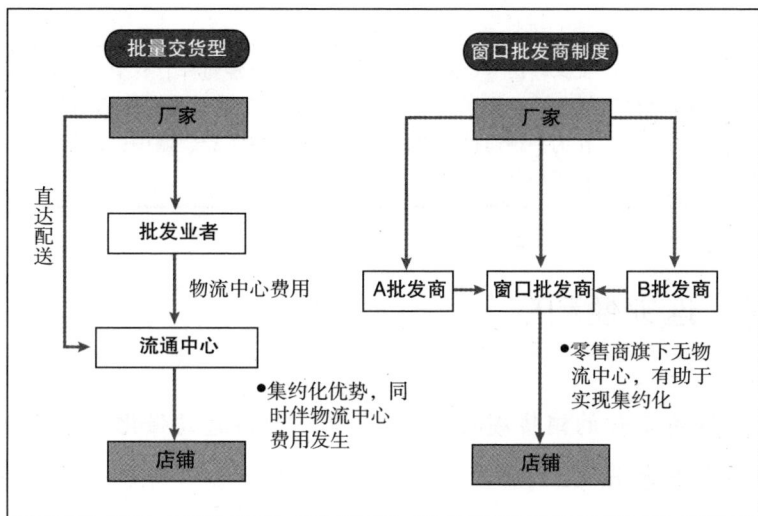

图 7-9　超市行业物流

■ 未来展望

当前，受利润率持续低迷的影响，超市面临的课题是怎
样既不降低商品品质，又构建高效的物流体制。 因此，超市
除了采用改善传统观念中依托物流中心仓储收费维持运营的
模式，提高订购和分拣精度，推动计划配送等策略外，还应
通过行业重组，推动之前各自为政的百货商店、超市、便利
店等不同行业模式之间的物流资源共享。

在拥有超市、便利店等各类行业基础设施的 AEON 集团
中，按 SCM 战略、商品调配、PB 开发等三个领域分开独立运

营，设置集团通用组织等含资源共享在内的各项新举措已经启动。

> ### 关键词
> **交叉转运（cross-dock）** 商品不经过库存保管，而是入库后立即进行分类作业，发挥作为发货仓库的功能。作为一种通过型设施，交叉转运在实际领域中的应用正在增加。

70　连锁便利店

现有店铺的销售额减少。 集中网点和通过强化顾客管理改善收益是关键。

■ 行业概况

2009 年 2 月，据日本连锁加盟协会对 11 家便利店的总销售额的调查结果显示：便利店的市场规模约为 7 兆 9400 亿日元。 从全店销售额判断，受店铺数增加因素影响，销售额呈增长趋势。 但是，从现有店铺的规模来看，市场持续低迷，行业形势依然严峻。

近年来，随着主营低价生鲜商品的 "SHOP99" 等生鲜便利店的加盟，行业市场竞争更加激烈。

■ 便利店业的变迁

1973 年，政府出台大规模小型零售店开店法规，取代了之前沿袭多年的百货店法，而综合超市的开设又受到法规的限制，以此背景为契机，以加盟店为主流模式的小型零售店等便利店相继开张。 此后随着便利店开设新店的步伐加快，由伊藤洋华堂和美国南方公司合作创办的 Yorku Seven（现在 7-ELEVEn 便利店的前身）、LAWSON、FamilyMart 等相继成立。 在统治性战略（Dominant Strategy）开店模式的基础上，行业销售额在短期内激增。

作为伊藤洋华堂旗下子公司存在的 7-ELEVEn Japan 在超越母公司之后刷新了时价总额纪录，于 2000 年超过大荣会社，登上日本零售业第一的宝座。 2005 年，7-ELEVEn Japan 与伊藤洋华堂联合创办持股公司 "Seven & i Holdings Co., Ltd."，同时掌握西武百货、崇光等的经营权。

但是，在当前零售业持续低迷的影响下，便利店行业同样面临严峻的考验。 与依靠超低价生鲜产品赢得生存空间的新店之间的竞争也趋于白热化。

■ 7-ELEVEn 便利店的物流共同配送系统

便利店从应对各企业经营策略的角度出发，由参与资本的商社合作批发商将商品送到旗下的物流中心再统一送往店铺，运作机制是根据商品类别由指定窗口批发商进行 "共同配送"。

作为行业龙头的 7-ELEVEn 采用一种被称为 "共同配送系统" 的运营模式，这是一种从其集团企业——伊藤洋华堂，采用的"窗口批发商制"衍生的物流管理模式。 具体运作是根据各商品供应商采用不同温控带的"集约化配送"。在确定窗口批发商和物流公司后，按商品类别分为"杂货共同配送中心"、"加工食品共同配送中心"、"米饭共同配送中心"、"冷藏食品共同配送中心"、"冷冻食品共同配送中心"、书本杂志类"东贩配送中心"，将自营商品以外的经营商品集中起来，委托该配送中心统一配货的机制。

近年来，与7-ELEVEn合作的责任批发商、物流企业的集约化程度进一步得到发展，通过减少各商品类别的共同配送网点，提升配送效率等措施减少了单位店铺的配送频率。

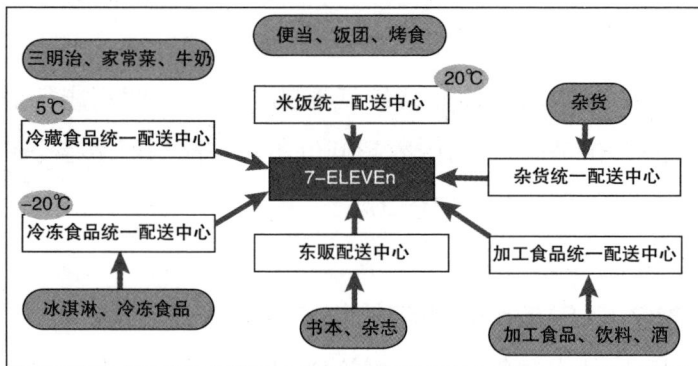

图7-10　7-ELEVEn的共同配送系统

■ 通过综合商社构建统一物流体系

在便利店行业中，除了下游（零售商）进行物流改革以外，由综合商社主导的改革步伐也显著加快。 1988年，伊藤忠商事成为 FamilyMart 的第一大股东。 2001 年，三菱商事成为 LAWSON 的第一大股东。 在食品原料调配领域占据垄断地位的综合商社与下游批发商（含中游企业在内）一起，通过吸纳下游零售商构建物流统一体制的趋势正式开始。

在这种背景下，综合商社通过统一物流体系削减物流成本，与此同时，将附属零售批发商的合作客户和物流企业的运营渠道纳入旗下，试图通过利用其物流网的 3PL 业务拓宽销售市场的缺口。

过去，LAWSON 配送中心的运营由上游集团企业——大荣公司——附属的一家物流子公司负责，继三菱商事系列关系取代后，这家原大荣物流子公司被三菱商事纳入旗下。 现在作为该企业食品服务网的一部分存在，承担冷藏食品等 LAWSON 物流约 80% 的工作。

■ 物流特征

便利店的物流特征是：商品随时配送、店铺无库存等。这是为了最大限度缩减商品的库存空间，尽量在狭小的店铺空间内摆放更多的商品。

在零售业中，便利店堪称多频率小批量配送之最。 在物流配送时间要求严格，配送环节执行运输食品温控管理的同时，引进以零售为主导的计划配送系统正在不断发展。

■ 未来的物流展望

受经济持续低迷、市场竞争激烈、单位店铺收益减少等

223

因素影响，改善收益是便利店所面临的严峻课题。

即使领先其他企业采用统治性战略，在构建共同配送系统的同时，利用 POS 系统进行销售额分析；根据商圈人口动态确定店铺经营品种和从事商品开发，曾创下平均日销售量（单位店铺一天）高达 61 万日元（2007 年 2 月统计）纪录的 7-ELEVEn 同样无法逃脱现有网点销量下滑，包括新增门店在内发展停滞不前的命运。 为弥补这些收益损失，通过进一步提高物流效率制定经费削减方案和加强经营品种提高销售额是制胜的关键。

继常温配送中心走向集约化进程，从 2007 年秋开始，7-ELEVEn 投入 2 年时间致力于减少半数冷冻食品网点。 另一方面，还通过引进电子货币，掌握顾客历史购买记录等方式，针对各单位店铺的经营品种进行更细致的调整，并制定了一系列与强化需求预测相关的方针。 通过网点集约、引进电子货币结算系统掌握顾客管理动态不再限于同一家企业。

另外，各门店与其他门店之间的业务合作正式启动。LAWSON 与生鲜便利店"99 PLUS"之间缔结业务合作关系，双方通过共同进货、共享物流资源等措施使成本持续下降。这种行业趋势已经开始波及其他企业。

224

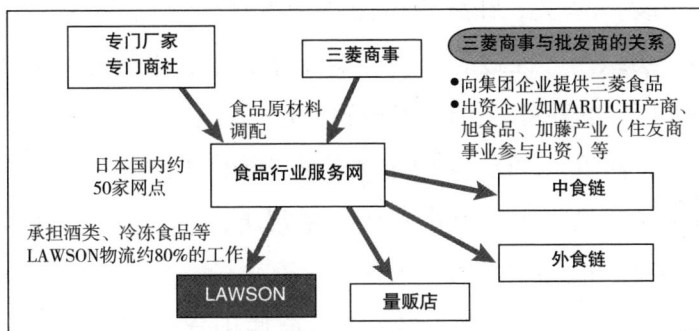

图 7-11　日本 LAWSON 集团的物流模式

关键词　统治性策略（Dominant Strategy）　在一定区域内集中开设店铺，通过计划性的物流中心配置实现削减配送成本和提高配送速度的开店策略。

71　服装业

受季节、流行款等因素影响需求预测困难。当前面临的课题是多层次服装产业结构调整。

■ 行业概况

日本服装行业的市场规模约为 9.9 兆日元。1997 年曾一度达到 21 兆日元，但是，因通货紧缩引发商品单价下滑，消费群体对流行元素的关心度下降导致市场规模大幅度缩小。

与其他行业相比，普通服装的生产和流通过程需要经过

225

很多阶段。 首先，纤维原料在"纤维原料厂"制成丝线，丝线在"纺织厂"经过织、编、染色等工序制成布料→布料经"服装厂"的开发、企划阶段分包或直营缝制厂，在缝制厂制成衣料，衬里、衬布、纽扣批发商部分加工后经批发（二次批发等）环节最终进入百货商店、专营店、综合超市、邮购等"零售商"的柜台销售。

当然，上述每一道工序都涉及流通和分包。"服装厂"大多兼营批发，作为生产批发企业，对零售、二次批发和缝制厂等也具有一定的影响力。

随着行业上游的"纤维原料厂"、"布料厂"等向中国转移，现在日本国内的服装业主要由伊藤忠、丸红、三井物产等商社操控整个流通环节。 近年来，缝制厂从日本国内转向中国的趋势越来越明显，为应对流通加工过程的变化，开始从生产地直接发往日本店铺。

推动产品企划和开发进程的日本服装制造企业有 World、ONWARD 樫山、五狐（FIVEFOXES）、伊都锦四大服装巨头。 零售商中知名度较大的如青山商事专营店、AOKI 控股，从事衣料品零售的迅销（FAST RETAILING）、岛村等。

■ 物流特征

在色彩、尺寸、季节商品中，服装物流是公认的最接近单品管理的多频率小批量物流模式。 与基本款长销商品相比，流行款所占的比例很大。 从这一点来说，服装行业的需求预测极其困难。

根据进货渠道、零售商与服装企业的协议情况，服装业物流大致分为以下三种。

①由零售商承担风险进货销售（进货型采购）。

②库底无条件全部退货（委托型采购）

③店铺仅统计销售份额，销售定价权，库存风险等全部由服装企业承担（消化型采购）

但是，百货店等商家在引进"委托型采购"、"消化型采购"的同时，必然伴随退货物流问题。 此外，百货店配送方为追求配送效率，建立了一套在集中多家供货商发来的货物之后，委托代行业者配送的"出货代理系统"。 日本国内的交货代行业者有浪速配送、东京出货代理等。

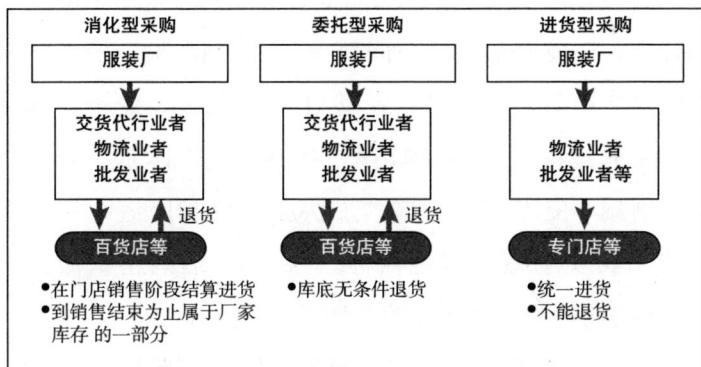

图7-12 进货模式

另一方面，量贩店中开始出现采用"进货型采购模式"，通过减价代替退货的趋势。

承接服装厂业务的物流公司为了避免大量退货，在实施细分物流的同时，以防止交货错误为目的，提高精准度、积极构建应对因缺货引发丢失商机的快捷配送体制。

此外，商品价格一般提前决定，所以，跟进贴价签业务和掌握退件修理后再利用等流通加工功能也是必需的。

■ SPA 的崛起

在受多层次结构和品种特性影响削减成本困难的行业中，对从原材料调配到商品策划、开发、制造、物流、销售、库存管理的一系列过程进行统一，以提高效率为目的，被称为 SPA 的行业模式正受到广泛关注。

凭借服装零售品牌优衣库（UNIQLO）打响知名度的日本迅销公司，把发展重点放在向获得国外 GAP 验厂资格的生产型零售企业转型方面，通过完善 IT 基础架构，统一了与服装流通相关的过程。 又以构建早期订购/交货体制，消除中间费用、削减不良库存为方向，加快旗下缝制厂进军中国的步伐，成功实现削减成本之目标。 此外，迅销还积极推进与 WORLD 公司等服装厂的生产、零售等统一业务。

但是，从 SPA 运营模式中商品开发企划阶段开始企业全盘包揽的特征来看，因为商品种类高度集中，如果应对消费需求的策划开发继续进行，在企业业绩提升的同时，一旦其

中某个环节偏离，企业门店将不可避免地面对大量不良库存
问题。 果然，曾经迅速发展壮大的日本迅销公司一度陷入困
境，不得不通过购买国内外品牌，与知名设计师合作等方式
缓解企业危机。 这个案例就充分证明了一个结论：仅采用
SPA 一种经营运作模式的风险很高。

■ 未来展望

受退货等因素影响，厂家库存增加，门店为处理这些商
品被迫降价清仓的态势尚未改观。

为同时解决缺货风险、减少库存，向店铺提供高品质服
务等问题，除了从具有批发功能的服装厂常规进货外，当接
到专卖店的订购需求时，销售主管应通过物流中心，向客户
提供直接送达等高效率服务。

但是，此时负责商品保管的人不是作业人员，而是物流中
心，销售主管必然承担库存量无误和偏差的风险。 为提高库存
精准度，大型物流中心通常在推动系统化进程的同时，除作业
人员以外，还要求销售主管使用条形码参与分拣作业。

在提高精准度方面，部分企业已经引进被公认为适用于
单品管理的 RFID（IC 标签）系统。

此外，各服装厂、专卖店在对现有 SPA 模式进行改善和
发展的基础上，设法简化生产、流通工序等多层次结构。 但
是，考虑到从原材料调配到终端零售环节的漫长工序，由生
产企业进行全程管理仍然存在困难。 另外，其中必然涉及与

229

不具备引进高额 IT 基础架构能力的中小企业之间的交易。 所以，包括中小企业在内，完善方便引进的应对行业标准的低价系统势在必行。

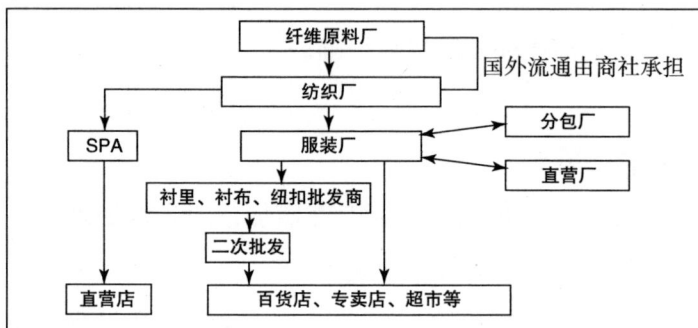

图 7-13　服装业的物流模式

关键词　SPA　Speciality store retailer of Private label Apparel 的略称（自有品牌专业零售商经营模式），一种融合服装厂和零售业功能于一体的行业模式。目标是通过 IT 化进程促进商品从调度到销售，从销售到库存管理的统一。

专栏　推动行业通用的 EDI 平台建设

　　对生产厂家、批发商、零售商的运作流程进行分析时，从商流的观点出发，必然会涉及接发定单、交货、结算等问题。

通过电话、传真等传统模式处理订单时，人工操作增加，系统输入错误也随之增加。通过系统架构进行 EDI（电子数据交换）时，采用独立系统处理必然导致成本增加。通过多系统处理订单时，操作过程可能比较复杂。

针对这种情况，生产厂家与批发商，批发商与零售商之间开始着手构建一种行业通用系统架构，以提高商流效率、降低成本为目的的态势在各行业中出现。其中，最具代表性的例子是 PLANET。

PLANET 由竞争最激烈的日杂行业发起。最初的目的只是构建生产厂家与批发商之间的通用电子交易平台，于 1985 年作为 VAN 运营商正式起步。该平台创办时以日本狮王和资生堂等生产厂家为主体。现在，除生产厂家和批发商外，已发展成为囊括原材料供应和零售业在内，共计约 1000 多家企业参与的消费品行业信息平台。

自创办以来，PLANET 一直致力于构筑运营与 EDI 和 EDI 附带数据库相关的行业标准系统、规格以及各类编码。具体运作分为两方面，一方面收集汇总订购、进货、申请核对、库存、销售等大量交易数据；另一方面，完善商品信息数据库和交易信息数据库。

此外，PLANET 在被称为 "buyers. net" 的服务项目中新增了支持商务谈判和配置的功能。为提高商品宣传和 POP 制作效率，还启动了印刷用图像支持服务等更具体的功能。

在上述商流动态之外，推进共同配送的物流企业也于 1989 年创办了"PLANET 物流"。至此，以在构建 PLANET 过程中投入巨大精力的主导企业——日本狮王、日本制纸、S. T. Co.、Sunstar Inc.、资生堂、强生、尤妮佳株式会社（Unicharm Corporation）和牛乳石硷共进社等 7 家企业为中心，各参与企业的商品在日本国内 6 家中心实行统一保管，通过共同配送送往批发商手中。

第 8 章
值得关注的物流行业未来

72　物流行业的市场规模和问题

市场规模为 24 兆日元。 从托运方的承包机制中分离出来是关键。

■ 行业概况

据统计，日本国内物流行业的整体市场规模约在 24 兆日元。 其中，大约 90％的份额由货运配送行业、JR 货运、内航海运业、港湾运输业、航空货运业、利用货运业等运输行业占据，市场规模远远超过仓储业。 运输业中货运配送业的表现最突出，恰好符合国土狭长、所需时间短、小批量运输等日本本土物流的需求。 物流业的主要业主有日本通运、大和运输、佐川急便、西浓运输、福山通运、山丸、日立物流、近铁 Express、日本邮船、三菱仓库、三井仓库、住友仓库、涩泽仓库、日本邮政等企业。

■ 物流行业现况

近年来，日本物流行业面临的课题是针对托运方的需求——削减物流成本、高频率小批量、高精度交货、定时配送等高标准服务的提供。

为解决上述需求，大中型物流业者通过建立高性能大规模仓库，推进集约化，活用高智能方案（ASSET）积极推动物流业务的统一分包业务。 另一方面，从日立物流等物流子公司起步的企业不再把业务范围仅限于母公司，而是通过从其他企业手中承接物流业务，开展 3PL 运营，使收益率大幅提高。

在削减库存、网点集约化的基础上，受社会少子化倾向的影响，物流业虽然存在诸多变化，但在整体物流量缩小的背景下，一方面向客户提供高品质服务的物流企业的收益不断增加，另一方面，面对严峻的客观环境，获胜企业和落败企业之间分化明显。

■ 未来展望

物流业主面临的课题仅限于承包环节。 在由中小业者支撑的物流行业中，大型和部分中型业者以外的物流业者无法

234

与托运方建立对等的合作关系。 于是只能勉为其难地接受托运人提出的一些不近情理的要求， 例如削减成本。 与此同时， 企业一再削减用工费用， 最终导致劳动环境恶化。

表 8-1　日本物流业概况 （2007 年统计数据）

	营业收入 （日元）	从业公司数	从业人员数	中小企业比例 （％）
货运配送业	14 兆 2 989 亿	63 122	132 万人	99.9
JR 货运	1 517 亿	1	6 千人	0
内海航运业	8 898 亿	4 206	2.2 万人	99.6
外海航运业	5 兆 8 207 亿	217	6 千人	54.9
港湾运输业	1 兆 2 304 亿	926	5.2 万人	88.0
航空货运业	4 167 亿	21	——	19.0
铁路运输业	2 429 亿	960	7 千人	84.3
外航运输业	3 453 亿	569	3 千人	67.0
航空运输业	7 189 亿	150	1.4 人	42.7
仓储业	1 兆 7 097 亿	5 401	10.4 万人	91.4
货运集散业	314 亿	18	0.5 千人	94.1

在库内作业方面， 尽管从正式员工向派遣员工的轮班制进程不断发展， 但伪承包物流业务运营的案例屡见不鲜。 与生产现场相比， 因低价成本体系引发用工不足或因离职率高导致技术培训次数减少。 因劳动时段长和工资低等影响， 配送业者招不到人， 部分企业开始就引进外国劳工展开讨论。

今后， 除了解决高品质服务、 削减成本等问题， 遵守法令法规、 招募人员、 培训能力等将成为决定物流企业成长的关键。

73 第三方物流的发展前景

向无资产型转移, 客观上要求 3PL 企业具备一定的管理和运营能力。

■ 第三方物流的定义

根据日本国土交通部决议综合施政物流大纲规定表述, 3PL (Third Party Logistics, 第三方物流) 的定义是: "由专业物流公司向托运方提出物流改革方案, 包括承包物流业务在内的业务"。 3PL 分为四个发展阶段: 提供库内作业和配送业务等单一业务的 "零阶段"; 接受多项服务委托的 "第一阶段"; 接受整体物流业务管理、运营工作委托的 "第二阶段"; 综合前述业务, 纳入物流企划立案的 "第三阶段"。

3PL 分为两种: 一种是企业通过活用自有仓库和车辆向客户提出物流改革提案, 承运业务的 "资产型" 物流。 另一种是通过物流子公司、咨询公司等途径, 运用积攒的运营管理

能力，选择和管理符合托运人要求的物流业者，以此推动物
流改革的"无资产型"物流。 在传统模式中，托运人一般由
企业自主管理物流运营，但是，为实现高级供应链管理，企
业开始将物流业务整体正式委托给专业操作性强（具备行业
知识经验，物流技巧多等）的 3PL 承运。

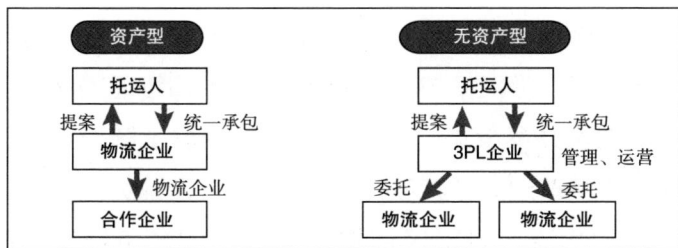

图 8-1　第三方物流模式

■ 第三方物流的现状

资产型 3PL 有 Senko 物流、HAMAKYOREX 物流、日立物
流等企业。 其中，Senko 物流通过自营高性能仓库和配送网
资源，以收益分享为基础，开始承接从接受订单到管理的代
行业务。 日立物流在日立集团既往运营经验的基础上，不断
完善 IT 架构和高性能仓库，除家电以外，其承包业务领域涉
及食品、医疗等广泛领域，企业业绩不断攀升。

另一方面，无资产型 3PL 如 NEC Logistics、Logistics Plan-
ner 等企业。 其中，NEC Logistics 在灵活运作部分自营仓库的
同时，把重点放在向客户全方位提供从调配、生产、销售活

动的 SCM 提案上。

第三方物流的整体运作流程是从企业自有仓库向租赁形式转变。行业比重向减少自有车辆、灵活利用合作企业等无资产型倾斜。

■ **未来展望**

配送、仓储业者、商社、物流子公司分别根据自身情况开展 3PL 业务，但是，在不掌握物流成本和管理的状况下盲目外包的案例并不少见，此外，托运人无法了解作业进度的现场情况也很普遍。为了对不具备管理运营能力的业者向原始承包商的物流业者跨区销售等无意义的多段结构进行改善，企业可通过吸纳物流子公司等方式，促进物流业务回归自营物流的状况也有所发生。

现在，物流业者面临的课题是：不能很好地运用预定收益分享，预期效率和削减成本的努力付之东流，或因托运方公开的信息量不足导致企业运营业务出现赤字。托运人与物流业者之间应就作业和成本可视化、缔结对等合作关系等问题在认识上达成一致。

关键词 **物流的多层结构** 托运人将物流业务委托不具备资质的物流子公司承运，其业务被逐级分包给更多物流公司，再经这些物流公司进一步分包给其他物流业者的情况。

74　物流设备行业

呈两极化趋势。 为应对无尘净化工作间的市场需求和雇
用难；分别向无人化和解决变动物流的轻量装备发展。

■ 行业规模

日本物流设备的市场规模约为 3900 亿日元（据 2008 年
度，日本 Logistics System 协会调查）。 泡沫经济崩溃后，物
流设备的功能从保管型向通过型转变，从 2004 年开始，一度
下滑的物流系统设备呈现 V 字型恢复倾向。

这些现象的原因是：从卫生管理方面要求在食品业推动
库内作业自动化、精密仪器需求等，以无尘净化工作间为主
的自动仓库和输送带发货推动市场的结果。 2003~2005 年，
无尘净化工作间占据物流设备整体的比例从 16.8% 激增
至 23.7%。

日本主要物流设备厂有大福、东洋加耐驰系统（TKSL）、
丰田 L&F、村田机械、石川岛播磨重工等。

■ 市场动向

在物流系统设备中占据主力地位的自动仓库、输送带主
要在生产现场等追求标准化操作的定型、大批量管理、保管
型中发挥作用。 从 20 世纪 80~90 年代初，仓储自动化技术
已经得到广泛应用。 但是，随着仓库需求从多频率小批量、

239

保管型向通运型转变，设备投资产出比高的设施逐步减少，从 1998 年开始，销售额连续 6 年下滑。 在此期间，设备厂开始与 WMS 合作，谋求向全方位解决方案供应商（Total Solution Platform）转变。

近年来，受无尘净化工作间需求的影响，无人设备自动仓库、传送带等重新获得关注。 物流设备市场呈 V 字型恢复态势，同时赢来第二个普及期。 但是，在社会少子化趋势的客观背景下，物流设备在日本国内市场的收益和成长均存在一定局限，今后寻找新收益源的关键应该转向海外市场。

另一方面，物流设备中的手持无线终端、数字分拣设备、手控移动式货架、计算机软件等在变动物流中应对多品目的产品依然保持稳定的出货额记录。 虽然从应对固定物流向应对变动物流的转变持续进行是其原因所在，但是，在灵活配置人员的同时控制物资量变动的机制对今后行业的稳定增长大有裨益。

表 8-2　物流系统设备生产值

设备仪器名	1999	2001	2003	2005	2006	2007
自动仓库	69 847	53 329	31 226	98 444	114 954	113 251
台车系统	12 716	13 594	10 541	49 747	57 044	67 195
分类机	14 015	14 545	14 527	15 741	22 017	16 780
分拣系统	5 273	7 998	8 665	7 750	8 768	7 902
旋转货架	2 654	2 410	1 699	1 812	1 611	1 716
移动货架	7 982	9 826	9 467	10 898	12 356	13 326

（续表）

设备仪器名	1999	2001	2003	2005	2006	2007
堆垛机	7 967	7 753	7 951	10 051	9 905	12 070
垂直搬运车	10 435	12 417	5 775	13 042	12 930	12 908
轮架	7 142	6 479	3 732	7 319	8 925	8 444
计算机（软硬件）	24 946	27 486	23 683	29 072	29 759	35 825
输送带	45 024	56 495	46 577	99 350	113 380	100 511
重量货架	7 047	6 278	7 496	9 292	2 132	2 219
中轻量货架	4 173	5 898	10 840	15 640	18 063	19 552
流动货架	1 458	1 464	1 093	1 172	1 423	959
其他	7 994	8 517	8 049	41 283	30 213	26 001

■ 未来展望

物流设备业呈两极化发展。一方面，应对无尘净化工作间和引进困难的无人化设备；另一方面，应对解决变动物流的轻量装备系统开发。在这种两极化发展趋势下，今后，该行业必须针对少子高龄化现象构建相应的机制。

在无尘净化工作间引进 RFID 标签和可擦写标签系统（Rewritable Label System），在变动物流应对设施中通过采用自动声音识别技术等在分拣过程中实现免提，以减轻操作者负荷为目的的机制正受到广泛关注，目前业界已经表现出引进这类新技术的动向。

241

75 仓储业

面临库存减少、大型设施建设难的严峻形势，应着手构建追求收益的企业体制改善。

■ 行业规模

日本仓储业的市场规模约为 1 兆 6000 亿日元。 受物流网点集约化，库存削减趋势的影响呈下滑态势。

近年来，由 ProLogis、AMB、日本 REP 等物流房地产企业发起的大型物流设施建设相继开工，空置率增加，以中小仓储业者为中心面临着严峻的客观形势。

日本国内的仓储业者有"财阀系"的三菱仓库、三井仓库、住友仓库、涩泽仓库；"内陆仓库"旗下的中央仓库；"港湾仓库"旗下的上组、山丸等。

■ 仓储现状

仓库（营业仓库）大体分为普通仓库、冷冻仓库、水面仓库三类。 日本仓储业法从保护托运方的立场出发制定了严格的经商资格和收费制度，行业新入门槛高，所以，除一部分

242

积极推进服装、邮购等特定行业运营资历较浅的仓储业者
外，有仓库设施就爆满的状况一直延续，行业整体呈现强烈
的保守化倾向。

这是因为仓储业法修订使准入制变成注册制，相关标准
放缓。 受各类法规条例修订的影响，以房地产金融市场的流
动性为首，以 ProLogis、AMB 等外资为中心灵活运作资金的高
性能大规模仓库相继建成，受此影响，客观形势发生变化。

仓库需求从保管型向通过型和流通加工型转变，仓库从
现存设施向利用资金运作的高性能仓储转移和集中的现象持
续。 在无资产型需求提升的客观形势下，物流业者中也逐渐
出现从企业自营到通过租赁向资金运作转变的动向。

起初仅限于东京、大阪等港湾地区的物流资金业务开始
升温，在向地方城市蔓延的过程中，部分地区却出现投入资
金兴建高性能物流设施，但无人问津的情况。 一些在选址、
设备等方面条件相对较差的仓储业者面临的生存形势更加
严峻。

■ 未来展望

从对保管、装卸的相关调查来看：在仓储行业中，保管
费呈正增长态势，而装卸费呈负增长。 在减少库存量以增加
仓库周转的情况下，企业不应把保管业务作为收益的重点，
而应着手改善装卸业务的收益。 除保管、装卸业务以外，部
分仓储业者开始在完善物流系统和吸纳外部合作的同时寻求

包括输配送业务在内的第三方物流等出路。今后，放弃企业自营设施，通过租赁发展无资产型仓储业务的势头将更加活跃。

此外，对日本仓储业而言，例如 ProLogis 物流公司开设的育儿设施等，改善能够引进人才的设备也是今后面临的重要课题。

表 8-3　仓储部门（保管、装卸分类）收支状况（平均每个公司）

（千日元、%）

		2003 年	2004 年	2005 年	2006 年	2007 年
保管	经常性收入	815 502	831 971	863 132	890 129	898 616
	运转开支	792 942	804 033	823 210	836 883	852 333
	经常性损益	22 559	27 938	39 922	53 247	46 284
	经常收支率	102 8	103 5	104 8	106 4	105 4
装卸	经常性收入	581 242	618 916	632 753	836 304	647 585
	运转开支	611 669	633 175	653 615	651 073	661 783
	经常性损益	▲30 427	▲14 258	▲20 861	▲14 769	▲14 198
	经常收支率	95 0	97 7	96 8	97 7	97 9

关键词　**物流房地产**　以实现最佳物流运营环境为目的，跨越物流业、房地产业、金融业的商业模式。主要在资金运作、证券投资、融资等方面受到关注。

76　货运业

半数为小规模业者。当前面临的课题是合规性、安全、

244

环境三方面。

■ 行业规模

根据日本国土交通部发表的最新陆运统计数据显示：货
运配送的市场规模为 13 兆 717 亿日元（2004 年末）。 从事货
运业的公司共计 62 000 家，营运车辆达 140 万辆。

行业形态根据配送批量规模、出发地和目的地的数量划
分，主要分为以下几类：按地区分类对大批量运抵营业所的
货物集中后进行分拣，然后从配送营业所出发配送的"特别
拼箱货物运输"；小批量"宅配送"；从出发地到多处送达地
按规划路线配送的"路线配送"；对大批量货物按一对一包租
形式配送的"包机"形式。

日本国内的大型配送业者有日本通运、大和运输、佐川
急便、福山通运、西浓运输等。

■ 货运配送现状

继 1990 年物流二法实施后，行业准入门槛降低，货运运
输业者增加。 从事这一行业的公司从 20 世纪 90 年代初期的
4 万家增至现在的 6 万家。 近年来，在恶性竞争的基础上，
受燃油费上涨、托运方削减成本的要求以及机动车尾气排放
限制等因素影响，行业收益日趋恶化。 据日本汽车货运协会
（Japan Trucking Association）统计：2005 年末，单位物流货运
商的平均营业利润率仅维持在 0.2%，约半数业者的货运车辆

245

不足 10 辆，平均赤字为负 2.3%。

面对严峻的现实，劳动分配率超过 85% 的货运行业不得不通过降低薪酬标准、不给员工上保险、超长时间劳动等方式试图渡过难关，从业人员因疲劳驾驶引发的重大事故呈高发态势。

针对这些问题，日本国土交通部先后出台劳动标准、安全运营管理等相关法律，希望在行业内部渗透早已流于形式的"安全第一"意识。此外，还通过制定包括具体罚款细则等在内的方式，表现出坚决严惩违规违纪运输业者的态度。

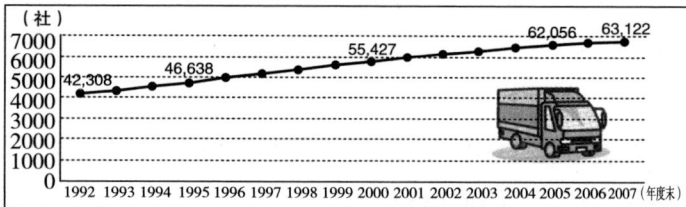

图 8-2　货运车辆配送从业人数推移

■ 未来展望

受日趋恶化的劳动环境影响，机动车运输业者很难招募到所需的人才。从人员雇用、技术水平的立场分析，改善劳动环境已经成为当务之急。从行业长远发展的角度考虑，引进外国劳工势在必行。

增加薪酬、遵守劳动时间、开展交通安全教育、通过构建保证运营安全的 IT 基础架构降低事故风险等措施会在短期

内增加运营成本。 因此，企业应同时通过发挥自营业务特
色，强化提案力、加强合作等方式改善收益。

此外，除大型运输业者外，现在，打着环境施政方案名
号宣传和实施的《节约能源法修正条例》还处在停滞不前的
阶段。 但是，随着政府加大严抓托运人和运输业者力度等方
针的陆续出台，从保护环境和企业自身成长的双重角度出发
考虑将成为企业今后面对的重要课题之一。

> **关键词**   **物流二法**   《货物机动车运输业法》和《货物营运业法》
> 两部法律，于 2002 年重新修订。该修订条例在进一步放
> 缓行业限制的同时提出安全强化管理。

77　宅配送行业

作为国有企业独立运作的日本邮政公社在实施民营化
后，各家转制成股份公司的邮政公司正式起航。 现阶段面临
的课题是改善高成本运营体制。

■ 行业规模

从事小包裹（小批量货物）门到门配送服务的日本宅配
送市场与日本邮政公社运营的 "邮政小包裹" 二者相加，其
市场规模年均约 32 个。 宅配送提供的代表性服务如：大和运
输的"宅急送"、佐川急便的"飞脚宅配送"、日本通运的

"信天翁便"、福山通运的"福通宅配送"、西浓运输的"袋鼠送"。 此外，经常有人把宅配送统称为"宅急送"，但"宅急送"其实只是大和运输宅配送的名称。

由于各自辖属的主管机关不同，在宅配送以外，日本邮政旗下专营小包裹领域的"邮政小包"也被纳入同一种服务模式，受日本邮政事业民营化转制的影响，二者所属的市场为同一市场。

■ 宅配送行业的创始人——大和运输

早在"邮政小包裹"、"铁路小包裹"两大巨头分掌小批量货物运输天下时，当时业务上完全依赖企业大宗货物专营运送的大和运输（现 YAMATO 运输）的时任社长小仓昌男提出以个人消费者为对象开拓"小宗化高速配送系统"的经营方向。 1976 年，大和运输正式启动"宅急送"业务。 以此为契机，宅配送业登上历史前台。

大和运输在日本全国各地均设有集散站。 企业内部建起一套以区域为单位集货，经集散站分拣后发往其他集散站，再由各地区配送的商业网络。 企业向消费者承诺"电话受理，次日送达"，并提供门到门配送的高品质服务。

这种运作模式凭借区域内集货，配送件数多的优点为企业创造了丰厚收益，在当初不被看好的一片质疑声中顺利走向成功之路。

248

表 8-4　邮件处理册数（2006 年）

企业名	宅配送名	受理件数	与前年同期比	构成比
日本邮政事业（株）	邮寄	225 616	110.1	46.7
大和运输（株）	黑猫宅急便	220 612	112.0	45.6
佐川急便（株）	飞脚宅配送	12 794	133.2	2.6
SBS post way（株）	SBS 配送	12 394	108.8	2.6
中越运送（株）	中越配送	8 590	99.4	1.8
日本通运（株）	NTTSU 配送	2 015	92.0	0.4
福山通运（株）	福通配送	505	48.7	0.1
其他（5 家）		900	79.6	0.2
合计（12 家）		483 426	110.9	100.0

■ 通过小型企业业务迅速扩大销售额的佐川急便

另一方面， 从 1998 年开始， 最初经营范围主要涉及特殊拼箱业务的佐川急便正式进军宅配送市场。 该社以争夺散件客户为目标， 与大和运输展开激烈角逐的同时， 获得实力雄厚的法人（ 通讯销售等件数多 ） 委托的小宗货物承运业务， 运输受理件数有所增加。 另外， 该社以法人授权货物为中心， 在业界确立市场地位， 赢得与大和运输分庭抗礼的市场份额。

此外， 佐川急便建立起一套用于应对宅配送业务的信息系统和物料搬运系统， 以行业后起之秀的雄姿积极引进先进技术， 成为当前业界在 IT 架构方面获得首肯的企业。

以大和运输、 佐川急便两家企业为中心， 近年来， 佐川急便通过引进"E-Collect"服务，为一线作业人员配备了无线携带式结算终端装置。当订购商品的顾客收到货物时，可以方便地使用手中的借记卡或信用卡等支付费用。另一方面，为拓宽面向中小企业提供的代理结算服务，大和运输正积极致力于构建与结算系统对接的机制。

■ 日本邮政民营化后的动向

在这种情况下，对上述行业"双雄时代"的存在构成威胁的日本邮政正式登场。尽管传统"邮政小包"业务被宅配送占尽市场份额，但是，受日本邮政事业民营化转制的影响，日本邮政在缩短配送时间和新产品开发两方面积极投入，主体收费标准从重量向尺寸转变。与宅配送相比，日本邮政的收费价格体系低廉。在此基础上，日本邮政又通过与 LAWSON 等便利店联手合作窗口业务。包括宅配送业务在内，整体市场份额跃居 8%（业界第四）。当前，企业的目标定位是争夺市场份额 10%。

究其原因，日本邮政取得的飞跃发展是在国有资产业务积累的基础设施体系之上，参照大和运输开拓的宅配送业务发展的结果。大和运输曾经不无犀利地用一句"官方对民间的压迫"的评价对日本邮政进行抨击，同时根据与邮政公社合作的便利店的标准调高己方的对外窗口。

为击退日本邮政公社的咄咄攻势，大和运输再出新招：针对宅配送的集货，二次送达等电话受理业务，向客户提

250

供最长不超过 40 分钟送货到户的服务和面向企业开展大型宅配服务等，通过完善高品质服务和提供新服务项目，使企业销售额和市场份额双双扩大。

与大和运输形成鲜明对比的是其竞争对手——佐川急便。这家企业表现出向日本邮政公司靠拢的态度。现在，双方正围绕在佐川急便集中邮包，之后交由邮政公司送达普通消费者的业务合作展开磋商。从未来的走势判断，宅配送行业市场还有进一步变化的可能。

■ 未来展望

宅配送行业面临的课题之一是为维持高水准服务所需的高成本体制。为减少因收件人不在的二次送件等额外成本，建议企业在完善邮件通知等服务的同时，开展针对收件人不在时的子系统——私信和报纸收发联动的投递市场、借记卡和信用卡结账等准邮件业务。这些措施必将成企业制胜的关键。此外，拓宽收汇等结算功能也是企业成长的关键。

在以高品质博弈的该行业中，邮件货物未送达等问题司空见惯。企业不能只停留在引进条形码服务的送达业务上，还应在业务可视化方面加大力度。

另一方面，与宅配送相比，日本邮政公司的"邮政小包"服务在支持高品质服务的信息系统和输配送系统构建方面仍处于劣势。因此，日本邮政今后面临的课题是：通过完善系统和快捷送达等实现向高品质服务的结构体制转化，

251

通过与其他企业之间的深层次合作，追求价格外的收益。

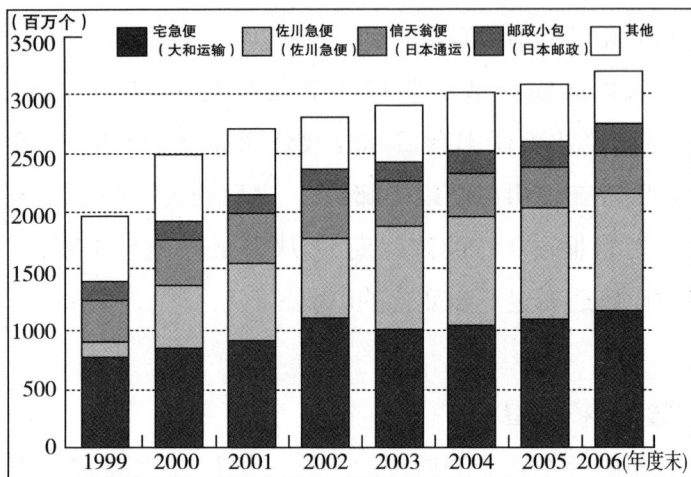

图 8-3 宅配送和普通小包受理件数推移情况（航空宅配送除外）

关键词　邮件货物　利用宅配送的配送网，寄送书籍和商品目录
等日本邮政法中规定的"信函"以外的轻量包裹服务，
有时，报纸销售店也代理该业务。

78　国际物流动态

亚洲圈的主力军是海外物流企业。中国物流制胜的关键
是提升服务品质。

■ 行业规模

受到以发达国家为中心缩减生产成本的影响，生产基地开始正式转移。 在此背景下，据统计：国际物流从 2002 年的 395 亿美元增加到 2012 年的 738 亿美元。 其中，在成长尤为显著的亚洲区域，物流市场从 2002 年的 22 亿美元到 2012 年增至 58 亿美元，足足扩大近 3 倍。

国际物流企业著名的有：德国邮政旗下的多豪快递服务公司（DHL）、美国联邦快递（Federal Express）、UPS、荷兰 TNT 国际快递公司等。 日本物流企业有：海运会社的日本邮船、商船三井、提供货运代理的日本通运、近铁 Express、承揽海外调配的三菱商事、三井物产、住友商事、伊藤忠商事等。

■ 国际物流现状

在世界综合型物流企业中表现活跃的 DHL、联邦快递、TNT 等企业瞄准蓬勃成长的亚洲市场积极拓展业务。 即使在日本发往国外的小包递送业务领域，DHL、联邦快递等企业也以绝对性压倒优势远远领先日本邮政的市场份额，成为威胁亚洲物流圈的存在。 由于在传统国际邮包领域受到一定限制，日本邮政的市场份额被海外势力占据，随着日本邮政事业民营化转制和法令法规修订等因素影响，日本邮政已经具备向国际物流正式进军的可能。 TNT、全日空正通过与中国邮政实体——中国邮政集团等——联手合作向亚洲国际物流之

253

雄蜕变。

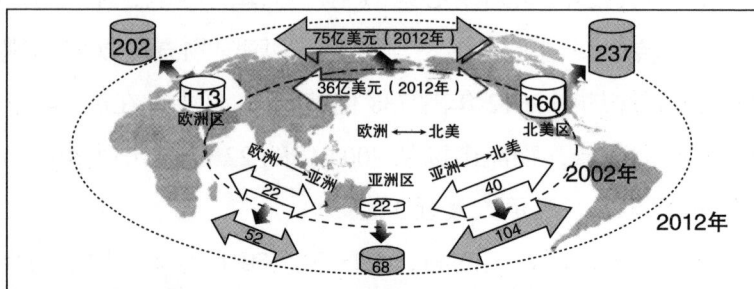

图 8-2 　国际物流市场的动向

此外，近年来随着日本国内的生产网点和物流网点相继向中国转移，国际物流形势正悄然改变。 但是，在中国人力资源成本大幅上升的背景下、日本物流开始向生产单价更加低廉的中国内陆城市或越南、印度等地转移。 三菱商事、三井物产等商社已在印度设立物流公司和网点。

■ 未来展望

一方面，瞄准"中国制造加日本销售"供应链向中国市场进军的日资企业正在增加。 另一方面，进驻中国市场失败后重返本土的企业也很多。

一般情况下，海外制造必将伴随运输距离长和物流批量大等问题。 尽管日本国内的交通等基础设施相对完善，但是，面对国内严禁超载和货物保管不善等问题，除一部分有能力构建与国内物流网不同的大企业外，大多数企业在生产工序管理和物流构建方面依然举步维艰。

以佐川急便为例，该社在国内建起的高度配送网的基础上，通过向中国提供优质配送服务使企业业绩提升。 另外，日本邮船等企业通过完善高性能物流网点建设，向第三方物流转型等方式寻求出路。 今后，如果日本企业能够在亚洲区域内构建第三方物流，无疑将成为企业发展的关键。

> **关键词** 货运代理 一种企业旗下无航空、船舶等实体设施，仅作为中间人调配货物运输，制作相关贸易往来资料的行业模式。国内市场占有率情况：三家大型企业（日本运输、近铁 Express、邮船航空）占据的市场比例超过50%。

专栏 支撑物流现场 IT 化趋势的 WMS、TMS

提起近年来的物流状况，不能不谈到 IT 信息化发展趋势。根据用途划分，支持物流行业的 IT 基础架构建设可谓多种多样。从接受订单、需求预测、物流选址等模拟软件，管理仓储的仓库管理系统（WMS），再到输配送领域的动态管理和规划高效率运营的运输管理系统（TMS, Transportation Management System）等数不胜数。其中，可以说 WMS、TMS 是现场管理系统的关键。

255

从日本国内的普及程度来看，到此为止，在物流现场引进 IT 基础架构的历史轨迹呈现出以 WMS 主导延伸的倾向。

传统运营模式中，从 20 世纪 90 年代开始，深入物流现场的 WMS 持续推进程序包化，对多家网点实行统一管理。进入 2000 年，通过灵活运用网络技术，以月租方式向客户提供低价服务的 ASP 服务也闪亮登场。

在特别强调保质期管理的食品业以及需要对产品色泽、尺寸进行管理的服装业等特定行业模式的体制普及的同时，另一方面，从吸引托运人到面向多重管理业务的第三方物流，拥有多重业务功能，创造低价位运营管理优势的体制也开始出现。

专业从事物流 WMS 开发的企业有 FRAMEWORKS、C-NET、LSM、Manhattan Associates 等。一方面，随着引进价格下行 WMS 不断普及；另一方面，受开发企业为确保符合用户期望功能的系统开发人才、低成本竞争等因素的影响，企业收益不断恶化。今后，包括海外开发转制在内，加快推进企业改革重组势在必行。

此外，除车载行驶记录仪外，TMS 是一类日本国内引进较晚的系统。这是因为日本国内支持定时配送、多频率小批量等高度配送的具体管理系统技术还不成熟，而且运输业者对 IT 架构进程多持厌倦感。

　　近年来，受通讯费和车载终端价格走低，系统本身能够处理更多更复杂操作等因素的影响，企业开始引进TMS。此外，受日本国内安全管理法规强化的影响，安装车载录像设备和掌握车辆运行情况的行车记录仪，引进相关联动计划已经启动。

　　日本国内从事专业物流TMS开发的企业有光英系统、Data Tech、BIGBANG等。

图书在版编目（CIP）数据

精益制造. 14，物流管理／（日）角井亮一 著；刘波 译. —北京：东方出版社，2013. 6
  ISBN 978-7-5060-6028-8

Ⅰ.①精… Ⅱ.①角… ②刘… Ⅲ.①制造工业—物流—物资管理 Ⅳ.①F407. 406

中国版本图书馆 CIP 数据核字（2012）第 013705 号

本书中文简体字版权由创河商务信息咨询有限公司代理
中文简体字版专有权属东方出版社
著作权合同登记号　图字：01-2012-8679 号

精益制造 014：物流管理
（JINGYI ZHIZAO 014：WULIU GUANLI）

编　　者：[日] 角井亮一
译　　者：刘　波
责任编辑：吴　婕　张军平
出　　版：东方出版社
发　　行：人民东方出版传媒有限公司
地　　址：北京市东城区朝阳门内大街 166 号
邮　　编：100010
印　　刷：北京明恒达印务有限公司
版　　次：2013 年 2 月第 1 版
印　　次：2022 年 12 月第 11 次印刷
开　　本：880 毫米×1230 毫米　1/32
印　　张：8. 5
字　　数：190 千字
书　　号：ISBN 978-7-5060-6028-8
定　　价：68. 00 元
发行电话：（010）85924663　85924644　85924641

东方出版社助力中国制造业升级

定价：28.00 元

定价：32.00 元

定价：32.00 元

定价：32.00 元

定价：32.00 元

定价：32.00 元

定价：30.00 元

定价：30.00 元

定价：28.00 元

定价：32.00 元

定价：28.00 元

定价：36.00 元

定价：30.00 元

更多本系列精品图书，敬请期待！

畠山芳雄"管理的基本"全系列

定价：32.00元

定价：30.00元

定价：24.00元

定价：24.00元

定价：21.00元

定价：20.00元

定价：26.00元

定价：19.00元

定价：26.00元

定价：29.00元

定价：20.00元

定价：20.00元

定价：19.00元

东方出版社更多精品图书　敬请期待！